日本史 日めくり年表

阿部 猛 編

凡　例

一、本年表は、古代から近現代にいたる1月1日から12月31日まで、その日に起こった事件や、その日に誕生・死没した人物の名を掲げたものである。
一、明治改暦（明治5年12月3日）以後は新暦（現行暦）により、改暦前は旧暦による。
一、各日付の右には、その日の花（誕生花）および花言葉を記した。また、その日が何の日かも記載したが、日付の固定しているもののみをあげた。
一、なお、以下の文献を参考とした。
『国史大辞典』（吉川弘文館）、『日本史広辞典』（山川出版社）、『新潮日本人名辞典』（新潮社）、『朝日日本歴史人物事典』（朝日新聞社）、内田正男『暦と時の事典』（雄山閣）、岡田芳郎『暦を知る事典』（東京堂出版）、滝井康勝『366日誕生花の本』（日本ヴォーグ社）

二十四節気

立春	2月4日頃	芒種	6月5日頃	寒露	10月8日頃
雨水	2月19日頃	夏至	6月21日頃	霜降	10月23日頃
啓蟄	3月5日頃	小暑	7月7日頃	立冬	11月7日頃
春分	3月20日頃	大暑	7月22日頃	小雪	11月22日頃
清明	4月4日頃	立秋	8月7日頃	大雪	12月7日頃
穀雨	4月20日頃	処暑	8月23日頃	冬至	12月21日頃
立夏	5月5日頃	白露	9月7日頃	小寒	1月6日頃
小満	5月21日頃	秋分	9月22日頃	大寒	1月21日頃

五節句

人日	1月7日	端午	5月5日	重陽	9月9日
上巳	3月3日	七夕	7月7日		

春（1月～3月）の異名　青陽・青帝・陽中・蒼天・発生・足帝
夏（4月～6月）の異名　失明・昊天・槐序・災序・災節・祝融
秋（7月～9月）の異名　白蔵・収成・金商・素商・高商・精陽
冬（10月～12月）の異名　元英・上天・安寧・厳節・元冬・元序

1月

1月の異名　睦月《むつき》・正月《しょうがつ》・元月《がんげつ》・
眤月《じつげつ》・端月《たんげつ》・嘉月《かげつ》・
初春・孟春《もうしゅん》・甫年《ほねん》

1. 1

元旦

今日の花・花言葉

スノー・ドロップ・希望

- 646年（大化2）大化改新詔出る。
- 1041年（長久2）藤原公任（『北山抄』編者）没す。
- 1946年（昭和21）昭和天皇人間宣言。
- 1950年（昭和25）満年齢採用（1873年〈明治6〉太政官布告。1902年〈明治35〉の法律で満年齢が定められていたが「かぞえどし」のかぞえ方が「ならわし」として続いていたのを改めた）。
- 1959年（昭和34）メートル法施行。

1. 2

今日の花・花言葉
黄水仙・愛にこたえて

- 1200 年（正治 2）道元誕生。
- 1436 年（永享 8）足利義政誕生。
- 1954 年（昭和 29）二重橋事件（正月参賀に 38 万人が集まり将棋倒しで死者 16 人・重軽傷者 69 人の惨事となった）。
- 1991 年（平成 3）野間宏没す。

1. 3

今日の花・花言葉
サフラン・悔いなき青春

- 1160 年（永暦 1）源義朝殺さる（平治の乱）。
- 1851 年（嘉永 4）ジョン・万次郎アメリカより帰国。
- 1868 年（慶応 4）鳥羽・伏見の戦い。幕府軍敗北。
- 1938 年（昭和 13）岡田嘉子ソ連へ亡命。
- 1951 年（昭和 26）第一回 NHK 紅白歌合戦。

1. 4

今日の花・花言葉
白いヒヤシンス・心静かな愛

- 1882年（明治15）軍人勅諭発布。
- 1937年（昭和12）名古屋城の金のシャチホコのうろこ盗まれる。

1. 5

今日の花・花言葉
雪割草・忍耐

- 1348年（正平3）楠木正行敗死（四条畷の合戦）。
- 1867年（慶応3）夏目漱石誕生。
- 1905年（明治38）乃木将軍とステッセルの水師営の会見。
- 1919年（大正8）松井須磨子自殺。

1. 6

今日の花・花言葉
白いスミレ・無邪気な愛

- 1215年（健保3）北条時政没す。
- 1755年（宝暦5）雨森芳州没す。
- 1822年（文政5）式亭三馬没す。
- 1831年（天保2）良寛没す。
- 1965年（昭和40）花柳章太郎没す。

1. 7

七草　人日

今日の花・花言葉
白いチューリップ・失恋

- 1490年（延徳2）足利義政没す。
- 1835年（天保6）前島密誕生。
- 1887年（明治20）上田万年誕生。
- 1902年（明治35）住井すゑ誕生。
- 1989年（昭和64）昭和天皇没す。

1. 8

今日の花・花言葉
紫のスミレ・愛

- 1646年（正保3）徳川綱吉誕生。
- 1875年（明治8）小学校児童の学令制定（満6歳〜14歳）。
- 1892年（明治25）堀口大学誕生。
- 1925年（大正14）植村正久没す。
- 1941年（昭和16）「戦陣訓」通達。
- 1985年（昭和60）国産人工衛星「さきがけ」打上げ。

1. 9

今日の花・花言葉
黄色のスミレ・つつましい幸福

- 1795年（寛政7）谷風（横綱）没す。
- 1867年（慶応3）明治天皇即位。
- 1891年（明治24）内村鑑三敬礼拒否事件。
- 1933年（昭和8）伊豆大島三原山に女学生投身自殺。三原山自殺名所となる。
- 1968年（昭和43）円谷幸吉（マラソン選手）自殺。

1. 10

今日の花・花言葉
つげ・堅忍

- 1417 年（応永 24）上杉氏憲没す。
- 1709 年（宝永 6）徳川綱吉没す。
- 1871 年（明治 4）島村抱月誕生。
- 1873 年（明治 6）徴兵令発布。
- 1922 年（大正 11）大隈重信没す。
- 1959 年（昭和 34）NHK 教育テレビ開局。
- 1990 年（平成 2）栃錦（横綱）没す。

1. 11

今日の花・花言葉
においヒバ・かたい友情

- 733 年（天平 5）県犬養三千代没す。
- 1350 年（正平 5）赤松則村没す。
- 1745 年（延享 2）伊能忠敬誕生。
- 1805 年（文化 2）め組の喧嘩。
- 1886 年（明治 19）小野梓没す。
- 1907 年（明治 40）山岡荘八誕生。

1. 12

今日の花・花言葉
にわなずな・優美

- 1896年（明治29）吉屋信子誕生。
- 1911年（明治44）レルヒ、スキーを指導。
- 1914年（大正3）桜島大噴火。大隅半島と地続きとなる。

1. 13

今日の花・花言葉
水仙・神秘

- 1199年（正治1）源頼朝没す。
- 1543年（天文12）狩野永徳誕生。
- 1860年（万延1）咸臨丸出港。
- 1876年（明治9）東京の最低気温 −9.2度記録。
- 1908年（明治41）橋本雅邦没す。
- 1943年（昭和18）ジャズ禁止される。

1. 14

今日の花・花言葉
シクラメン・内気

- 782年（延暦1）氷上川継事件。
- 864年（貞観6）円仁没す。
- 1843年（天保14）新島襄誕生。
- 1866年（慶応2）高島秋帆没す。
- 1989年（平成1）土曜日閉庁はじまる。

1. 15

今日の花・花言葉
とげ・厳格

- 1862年（文久2）坂下門外の変。
- 1892年（明治25）西条八十誕生。
- 1895年（明治28）有栖川宮熾仁親王没す。
- 1939年（昭和14）双葉山連勝ストップ（69連勝）。
- 1949年（昭和24）初の成人式。

1. 16

やぶ入り
今日の花・花言葉
黄色のヒヤシンス・勝負

- 1855年（安政2）江川太郎左衛門没す。
- 1887年（明治20）葛西善蔵誕生。
- 1905年（明治38）伊藤整誕生。
- 1914年（大正3）伊東祐亨没す。
- 1941年（昭和16）大日本青少年団設立。

1. 17

今日の花・花言葉
すいば・親愛の情

- 1874年（明治7）民撰議院設立健白書提出。
- 1885年（明治18）大杉栄誕生。
- 1981年（昭和56）貴ノ花引退。
- 1995年（平成7）阪神淡路大震災。死者5千余人。

1. 18

今日の花・花言葉
うきつりぼく・憶測

- 1046年（永承1）藤原実資没す。
- 1657年（明暦3）江戸大火。いわゆる振袖火事。
- 1924年（大正13）東京に初の乗合自動車開業。
- 1957年（昭和32）牧野富太郎没す。
- 1986年（昭和61）石母田正没す。

1. 19

今日の花・花言葉
松・不老長寿

- 890年（寛平2）僧正遍昭没す。
- 1232年（貞永1）明恵没す。
- 1728年（享保13）荻生徂徠没す。
- 1862年（文久2）森鴎外誕生。
- 1899年（明治32）勝海舟没す。
- 1969年（昭和44）安田講堂封鎖解除。

1. 20

今日の花・花言葉
キンポウゲ・子供らしさ

- 1200 年（正治 2）梶原景時没す。
- 1633 年（寛永 10）金地院崇伝没す。
- 1857 年（安政 4）植木枝盛誕生。
- 1936 年（昭和 11）「119 番」設置。
- 1947 年（昭和 22）学校給食開始。

1. 21

今日の花・花言葉
きづた・友情

- 1530 年（享禄 3）上杉謙信誕生。
- 1926 年（大正 15）宮本百合子没す。
- 1930 年（昭和 5）ロンドン軍縮会議はじまる。
- 1980 年（昭和 55）高橋展子デンマーク大使となる（初の女性大使）。

1. 22

今日の花・花言葉
こけ・母性愛

- 1793年（寛政5）大塩平八郎誕生。
- 1887年（明治20）東京に電灯ともる。
- 1893年（明治26）河竹黙阿弥没す。
- 1914年（大正3）シーメンス事件。
- 1979年（昭和54）太安麻呂の墓誌発見。

1. 23

今日の花・花言葉
がま・従順

- 1657年（明暦3）林羅山没す。
- 1890年（明治23）新島襄没す。
- 1892年（明治25）植木枝盛没す。
- 1902年（明治35）青森歩兵連隊八甲田山で雪中行軍中遭難。
- 1933年（昭和8）堺利彦没す。

1. 24

今日の花・花言葉
薬用サフラン・節度の美

- 1632年（寛永9）徳川秀忠没す。
- 1871年（明治4）郵便制度はじまる。
- 1911年（明治44）幸徳秋水刑死（大逆事件）。
- 1960年（昭和35）火野葦平没す。
- 1972年（昭和47）横井庄一グアム島で救出。

1. 25

今日の花・花言葉
耳菜草・純真

- 1201年（建仁1）式子内親王没す。
- 1212年（建暦2）法然没す。
- 1613年（慶長18）池田輝政没す。
- 1791年（寛政3）幕府混浴禁止令。
- 1879年（明治12）大阪朝日新聞創刊。
- 1885年（明治18）北原白秋誕生。
- 1900年（明治33）石坂洋次郎誕生。

1. 26

今日の花・花言葉
おじぎ草・感じやすい心

- 1948年（昭和23）帝銀事件。
- 1949年（昭和24）法隆寺金堂火災。
- 1992年（平成4）貴花田（貴ノ花）最年少（19歳5か月）優勝。

1. 27

今日の花・花言葉
ななかまど・怠りない心

- 1219年（承久1）源実朝暗殺さる。
- 1727年（享保12）天野屋利兵衛没す。
- 1901年（明治34）伊吹武彦誕生。
- 1945年（昭和20）野口雨情没す。
- 1983年（昭和53）青函トンネル貫通。

1. 28

今日の花・花言葉
黒ポプラ・勇気

- 712年（和銅5）「古事記」成る。
- 1926年（大正15）加藤高明没す。
- 1955年（昭和30）「春闘」はじまる。

1. 29

今日の花・花言葉
こけ・母性愛

- 1016年（長和5）藤原道長摂政となる。
- 1827年（文政10）笠森お仙没す。
- 1872年（明治5）近代初の人口調査（総人口3311万人)。
- 1944年（昭和19）横浜事件おこる。
- 1957年（昭和32）南極昭和基地開設。
- 1968年（昭和43）藤田嗣治没す。
- 1991年（平成3）井上靖没す。

1. 30

今日の花・花言葉
りゅうきんか・必ず来る幸福

- 1823年（文政6）勝海舟誕生。
- 1902年（明治35）日英同盟締結。
- 1907年（明治40）高見順誕生。
- 1920年（大正9）長谷川町子誕生。
- 1946年（昭和21）河上肇没す。

1. 31

今日の花・花言葉
黄色いサフラン・青春のよろこび

- 1895年（明治28）京都に路面電車開通。
- 1897年（明治30）西周没す。
- 1947年（昭和22）2・1スト禁止令。
- 1976年（昭和51）鹿児島で五つ子誕生。
- 1985年（昭和60）石川達三没す。
- 1999年（平成11）ジャイアント馬場没す。

2月

2月の異名　如月《きさらぎ》・著更衣《きさらぎ》・令月・
仲春・酣春《かんしゅん》・仲陽・
仲序・令節

2．1

今日の花・花言葉
さくら草・若い時代と苦悩

- 1911年（明治44）徳冨蘆花「謀叛論」講演。
- 1922年（大正11）山県有朋没す。
- 1928年（昭和3）日本共産党機関誌「赤旗」創刊。
- 1934年（昭和9）タクシーのメーター制開始。
- 1952年（昭和27）NHKテレビ本放送はじまる。

2. 2

今日の花・花言葉
ぼけ・平凡

- 749年（天平21）行基没す。
- 1834年（天保5）江藤新平誕生。
- 1881年（明治14）交番設置。
- 1920年（大正9）バスガール誕生。
- 1998年（平成10）郵便番号制はじまる。

2. 3

今日の花・花言葉
あわなずな・君に捧げる

- 1637年（寛永14）本阿弥光悦没す。
- 1717年（享保2）大岡忠相江戸町奉行となる。
- 1901年（明治34）福沢諭吉没す。
- 1972年（昭和47）第11回冬季オリンピック札幌で開催。

2. 4

今日の花・花言葉
赤いさくら草・顧みられない美

- 1181年（養和1）平清盛没す（閏2月）。
- 1703年（元禄16）大石良雄ら四十七士切腹。
- 1898年（明治31）伊東深水誕生。
- 1918年（大正7）秋山真之没す。
- 1945年（昭和20）ヤルタ会談。
- 1966年（昭和41）全日空機羽田沖に墜落。

2. 5

今日の花・花言葉
しだ・愛らしさ

- 1615年（元和1）高山右近没す。
- 1804年（文化1）中井竹山没す。
- 1901年（明治34）八幡製鉄所火入れ。
- 1913年（大正2）尾崎行雄弾劾演説。
- 1920年（大正9）八幡製鉄所ストライキ。
- 1936年（昭和11）職業野球連盟設立。

2. 6

今日の花・花言葉
いわれんげ・家事に勤勉

- 1647年（正保4）小堀遠州没す。
- 1818年（文政1）松浦武四郎誕生。
- 1922年（大正11）ワシントン海軍軍縮条約調印。
- 1972年（昭和47）札幌オリンピックの70m級ジャンプで日本人選手が金・銀・銅メダル独占。
- 1990年（平成2）赤尾敏没す。

2. 7

今日の花・花言葉
忘れな草・私を忘れないで

- 1184年（寿永3）源義経軍、ひよどり越えの奇襲。
- 1333年（元弘3）日興没す。
- 1754年（宝暦4）山脇東洋ら解剖を行う。
- 1873年（明治6）仇討禁止令。
- 1943年（昭和18）日本軍ガダルカナル島から全面退却。

2. 8

針供養

今日の花・花言葉

ゆきのした・切実な愛情

- 1883年（明治16）東京に4尺（120 cm余）の大雪。
- 1887年（明治20）郵便マーク（〒）制定。
- 1915年（大正4）長塚節没す。
- 1958年（昭和33）日劇ウエスタンカーニバル。
- 2011年（平成23）高校生男子の平均身長170 cmと発表。

2. 9

今日の花・花言葉

ぎんばいか・愛のささやき

- 1836年（天保7）原敬誕生。
- 1912年（明治45）双葉山誕生。
- 1916年（大正5）加藤弘之没す。
- 1921年（大正10）庄野潤三誕生。
- 1989年（平成1）手塚治虫没す。

2. 10

今日の花・花言葉
じんちょうげ・栄光

- 1439年（永享11）足利持氏没す。
- 1657年（明暦3）新井白石誕生。
- 1886年（明治19）平塚雷鳥誕生。
- 1899年（明治32）田河水泡誕生。
- 1904年（明治37）対露宣戦布告。
- 1949年（昭和24）安部磯雄没す。

2. 11

建国記念の日
今日の花・花言葉
メリッサ・同情

- 1571年（元亀2）塚原ト伝没す。
- 1825年（文政8）雷電為右衛門没す。
- 1887年（明治20）折口信夫誕生。
- 1889年（明治22）大日本帝国憲法発布。
- 1963年（昭和38）西村伊作没す。
- 1970年（昭和45）国産人工衛星「おおすみ」打上げ成功。
- 1998年（平成10）市川房枝没す。

2. 12

今日の花・花言葉
きつねのまご・可憐美の極致

- 729年（天平1）長屋王自殺。
- 1603年（慶長8）徳川家康征夷大将軍となる。
- 1889年（明治22）森有礼没す。
- 1891年（明治24）直木三十五誕生。

2. 13

今日の花・花言葉
カナリーグラス・辛抱づよさ

- 1811年（文化8）村田春海没す。
- 1840年（天保11）渋沢栄一誕生。
- 1861年（文久1）内村鑑三誕生。
- 1899年（明治32）宮本百合子誕生。

2. 14

バレンタイン・デー

今日の花・花言葉

かみつれ・逆境に負けぬつよさ

- 940年（天慶3）平将門没す（天慶の乱）。
- 1867年（慶応3）豊田佐吉誕生。
- 1878年（明治11）広田弘毅誕生。
- 1996年（昭和61）羽生善治七冠達成。

2. 15

今日の花・花言葉

杉の葉・君のために生きる

- 1825年（文政8）異国船打払令。
- 1877年（明治10）西南戦争はじまる。
- 1898年（明治31）瓜生岩誕生。
- 1917年（大正6）「主婦の友」創刊。
- 1926年（大正15）松谷みよ子誕生。
- 1944年（昭和19）河合栄次郎没す。
- 1947年（昭和22）婦人警官登場。

2. 16

今日の花・花言葉
月桂樹・名誉

- 1190年（建久1）西行没す。
- 1222年（貞応1）日蓮誕生。
- 1666年（寛文6）荻生徂徠誕生。
- 1838年（天保9）大隈重信誕生。
- 1851年（嘉永4）水野忠邦没す。
- 1914年（大正3）青木周蔵没す。
- 1946年（昭和21）筑土鈴寛没す。

2. 17

今日の花・花言葉
野の草・自然のなつかしさ

- 1872年（明治5）島崎藤村誕生。
- 1901年（明治34）梶井基次郎誕生。
- 1924年（大正13）岡本喜八誕生。
- 1928年（昭和3）大槻文彦没す。
- 1946年（昭和21）預金封鎖。
- 1955年（昭和30）坂口安吾没す。

2. 18

今日の花・花言葉
きんぽうげ・子供らしさ

- 1506年（永正3）雪舟没す。
- 1935年（昭和10）「天皇機関説」議会（貴族院）で攻撃される。
- 1939年（昭和14）岡本かの子没す。
- 1984年（昭和59）平泉澄没す。

2. 19

今日の花・花言葉
かしわ・愛想のよさ

- 870年（貞観12）春澄善縄没す。
- 1185年（文治1）源平屋島の合戦。
- 1790年（寛政2）人足寄場設置。
- 1837年（天保8）大塩平八郎の乱。
- 1972年（昭和47）連合赤軍の浅間山荘事件。

2. 20

今日の花・花言葉
カルミア・大きな希望

- 1883年（明治16）志賀直哉誕生。
- 1886年（明治19）石川啄木誕生。
- 1923年（大正12）丸ビル完成。
- 1933年（昭和8）小林多喜二没す。
- 1985年（昭和60）中野好夫没す。

2. 21

今日の花・花言葉
ネモフィラ・愛国心

- 823年（弘仁14）大宰府管内で公営田制を計画。
- 799年（延暦18）和気清麻呂没す。
- 1911年（明治44）夏目漱石博士号を返上。
- 1942年（昭和17）食糧管理法公布。
- 1946年（昭和21）女性警察官募集。
- 1968年（昭和43）金嬉老事件。

2. 22

今日の花・花言葉
むくげ・デリケートな美

- 622年　聖徳太子没す。
- 1239年（延応1）後鳥羽上皇没す。
- 1833年（天保4）青地林宗没。
- 1874年（明治7）高浜虚子誕生。
- 1884年（明治17）三浦環誕生。

2. 23

今日の花・花言葉
あんずの花・乙女のはにかみ

- 1069年（延久1）荘園整理令公布。
- 1784年（天明4）「漢委奴国王印」発見。
- 1915年（大正4）野間宏誕生。
- 1929年（昭和4）説教強盗逮捕。
- 1960年（昭和35）皇太子（徳仁親王）誕生。

2. 24

今日の花・花言葉
つるにちにち草・楽しい思い出

- 1610年（慶長15）長谷川等伯没す。
- 1873年（明治6）キリスト教解禁。
- 1931年（昭和6）久米邦武没す。
- 1933年（昭和8）日本国際連盟を脱退。
- 1934年（昭和9）直木三十五没。

2. 25

今日の花・花言葉
じゃこうバラ・きまぐれな愛

- 903年（延喜3）菅原道真没す。
- 1670年（寛文10）箱根用水完成。
- 1701年（元禄14）契沖没す。
- 1947年（昭和22）八高線列車転覆事件（死者174人、負傷者2,800人余）。
- 1953年（昭和28）斎藤茂吉没す。

2. 26

今日の花・花言葉
福寿草・思い出

- 1351年（正平6）高師直没す。
- 1649年（慶安2）慶安御触書出る。
- 1844年（弘化1）間宮林蔵没す。
- 1874年（明治7）大前田英五郎没す。
- 1936年（昭和11）二・二六事件。
- 1945年（昭和20）高田市豪雪（3.77 m）。
- 1958年（昭和33）横山大観没す。

2. 27

今日の花・花言葉
おおあまな・純粋

- 1657年（明暦3）「大日本史」編さん開始。
- 1862年（文久2）新撰組結成。
- 1908年（明治41）長谷川一夫誕生。

2. 28

今日の花・花言葉
わら・一致協力

- 1591年（天正19）千利休自刃。
- 1638年（寛永15）益田（天草）時貞没す（島原の乱）。
- 1811年（文化8）佐久間象山誕生。
- 1935年（昭和10）坪内逍遥没す。
- 1960年（昭和35）高木貞治没す。

2. 29

今日の花・花言葉
はまかんざし・心づかい

- 1638年（寛永15）島原の乱おわる。
- 1772年（明和9）江戸大火（明和の大火）。
- 1855年（安政2）遠山景元没す。

3月

3月の異名　弥生《やよい》・花月《かげつ》・称月・
禊月《はらえづき》・蚕月《さんげつ》・桃月・
晩春・暮春・清明

3. 1

今日の花・花言葉
房咲き水仙・自尊

- 1889年（明治22）岡本かの子誕生。
- 1892年（明治25）芥川龍之介誕生。
- 1919年（大正8）朝鮮独立運動（三一運動）。
- 1941年（昭和16）国民学校令公布。

3. 2

今日の花・花言葉
花きんぽうげ・美しい人格

- 1579年（天正7）山科言継没す。
- 1840年（天保11）遠山景元（金四郎）江戸北町奉行となる。
- 1886年（明治19）帝国大学令公布。
- 1908年（明治41）那珂通世没す。
- 1925年（大正14）普通選挙法成立。
- 1938年（昭和13）松岡映丘没す。

3. 3

ひなまつり（上巳）
今日の花・花言葉
れんげ草・私の幸福

- 1599年（慶長4）前田利家没す（閏3月）。
- 1854年（安政1）日米和親条約調印。
- 1860年（万延1）桜田門外の変。
- 1879年（明治12）正宗白鳥誕生。
- 1890年（明治23）坪田譲治誕生。
- 1914年（大正3）下岡蓮杖没す。
- 1933年（昭和8）三陸大津波。

3. 4

今日の花・花言葉
きいちご・愛情

- 1697年（元禄10）賀茂真淵誕生。
- 1771年（明和8）杉田玄白ら死体解剖見学。
- 1806年（文化3）江戸大火（丙寅大火）。
- 1878年（明治11）有島武郎誕生。
- 1919年（大正8）成瀬仁蔵没す。
- 1929年（昭和4）沢田正二郎没す。
- 1952年（昭和27）十勝沖地震。

3. 5

今日の花・花言葉
やぐるま草・幸福感

- 1714年（正徳4）絵島事件。
- 1869年（明治2）川上眉山誕生。
- 1929年（昭和4）山本宣治暗殺さる。
- 1932年（昭和7）団琢磨暗殺さる。
- 1954年（昭和29）岸田国士没す。

3. 6

今日の花・花言葉
ひなぎく・明朗

- 1170年（嘉応2）源為朝没す。
- 1297年（永仁5）永仁の徳政令。
- 1948年（昭和23）菊池寛没す。
- 1980年（昭和55）天野貞祐没す。

3. 7

今日の花・花言葉
たねつけばな・燃える思い

- 1608年（慶長13）中江藤樹誕生。
- 1858年（安政5）大原幽学没す。
- 1900年（明治33）未成年者喫煙禁止法。

3. 8

今日の花・花言葉
栗の花・真心

- 1886年（明治19）松井須磨子誕生。
- 1891年（明治24）ニコライ堂開堂。
- 1900年（明治33）外山正一没す。
- 1935年（昭和10）忠犬ハチ公死す。

3. 9

今日の花・花言葉
から松・大胆

- 1888年（明治21）梅原龍三郎誕生。
- 1894年（明治27）記念切手第一号発行。
- 1951年（昭和26）三原山大爆発。
- 1958年（昭和33）関門トンネル開業。

3. 10

今日の花・花言葉
にれの木・高貴

- 710年（和銅3）平城遷都。
- 866年（貞観8）応天門の変。
- 1905年（明治38）奉天の大会戦。
- 1922年（大正11）山下清誕生。
- 1945年（昭和20）東京大空襲。死者約10万人。
- 1974年（昭和49）小野田寛郎ルパング島から救出さる。

3. 11

今日の花・花言葉
にがな・質素

- 1582年（天正10）武田勝頼自刃。
- 1747年（延享4）日本左衛門（浜島庄兵衛）獄門となる。
- 1834年（天保5）橋本左内誕生。
- 1889年（明治22）和辻哲郎誕生。
- 2011年（平成23）東日本大震災。

3. 12

今日の花・花言葉
柳・愛の悲しみ

- 1705年（宝永2）伊藤仁斎没す。
- 1822年（文政5）上杉治憲没す。
- 1953年（昭和28）伊東静雄没す。

3. 13

今日の花・花言葉
野かんぞう・愛の忘却

- 1192年（建久3）後白河法皇没す。
- 1578年（天正6）上杉謙信没す。
- 1883年（明治16）高村光太郎誕生。
- 1951年（昭和26）原民喜自殺。
- 1988年（昭和63）青函トンネル開業。

3. 14

ホワイト・デー

今日の花・花言葉

アーモンド・希望

- 1701年（元禄14）浅野内匠頭切腹。
- 1789年（寛政1）三浦梅園没す。
- 1868年（慶応4）西郷隆盛と勝海舟会見。
- 同年、五ヶ条誓文発布。
- 1970年（昭和45）日本（大阪）万博開始。

3. 15

今日の花・花言葉

どくにんじん・死も惜しまず

- 1598年（慶長3）豊臣秀吉醍醐の花見。
- 1868年（慶応4）川路聖謨没す。
- 1917年（大正6）山路愛山没す。
- 1927年（昭和2）金融恐慌。
- 1958年（昭和33）久保栄没す。

3. 16

今日の花・花言葉
はっか・美徳

- 1600 年（慶長 5）リーフデ号漂着。
- 1662 年（寛文 2）松平信綱没す。
- 1806 年（文化 3）藤田東湖誕生。
- 1895 年（明治 28）井上毅没す。
- 1934 年（昭和 9）初の国立公園指定（瀬戸内海と雲仙・霧島）。
- 1985 年（昭和 60）つくば科学万博開始。

3. 17

今日の花・花言葉
豆の花・必ず来る幸福

- 806 年（延暦 25）桓武天皇没す。
- 1870 年（明治 3）人力車登場。
- 1945 年（昭和 20）硫黄島守備隊全滅。
- 1957 年（昭和 32）女性週刊誌発売。

3. 18

今日の花・花言葉
アスパラガス・無変化

- 1473年（文明5）山名持豊没す。
- 1881年（明治14）東洋自由新聞創刊。
- 1933年（昭和8）吉野作造没す。
- 1965年（昭和40）「明治村」開村。

3. 19

今日の花・花言葉
くちなし・とてもうれしい

- 1881年（明治14）森田草平誕生。
- 1914年（大正3）東京駅舎完成。
- 1949年（昭和24）はとバス運行開始。

3. 20

今日の花・花言葉
チューリップ・永遠の愛情

- 1604年（慶長9）黒田孝高（如水）没す。
- 1882年（明治15）上野動物園開園。
- 1951年（昭和26）LPレコード発売。
- 1956年（昭和31）秋田県能代大火。
- 1995年（平成7）地下鉄サリン事件。

3. 21

今日の花・花言葉
さくららん・人生の出発

- 835年（承和2）空海没す。
- 1951年（昭和26）日本初のカラー映画「カルメン故郷に帰る」封切。
- 1907年（明治40）義務教育6年制となる。
- 1977年（昭和52）田中絹代没す。

3. 22

今日の花・花言葉
ぜにあおい・恩恵

- 1887年（明治20）中山晋平誕生。
- 1925年（大正14）ラジオ放送はじまる。

3. 23

今日の花・花言葉
グラジオラス・情熱的な恋

- 1890年（明治23）唐人お吉没す。

3. 24

今日の花・花言葉
はなびし草・希望

- 1185年（文治1）壇ノ浦合戦で平家滅亡。
- 1784年（天明4）田沼意知刺殺さる。

3. 25

今日の花・花言葉
つる性植物・美しさ

- 969年（安和2）安和の変。
- 1847年（弘化4）小山田与清没す。
- 1872年（明治5）樋口一葉誕生。
- 1911年（明治44）青木繁没す。
- 1919年（大正8）辰野金吾没す。

3. 26

今日の花・花言葉
白いさくら草・初恋

- 1205年（元久2）「新古今和歌集」成る。
- 1935年（昭和10）与謝野鉄幹没す。
- 1962年（昭和37）室生犀星没す。

3. 27

今日の花・花言葉
きんちゃく草・援助

- 1689年（元禄2）芭蕉「奥の細道」へ旅立つ。
- 1837年（天保8）大塩平八郎没す。
- 1843年（天保14）香川景樹没す。
- 1904年（明治37）広瀬武夫没す（旅順港閉塞作戦）。

3. 28

今日の花・花言葉
はなえんじゅ・上品

- 1682年（天和2）西山宗因没す。
- 1868年（慶応4）神仏分離令。
- 1876年（明治9）廃刀令。
- 1930年（昭和5）内村鑑三没す。

3. 29

今日の花・花言葉
ごぼう・いじめないで

- 1683年（天和3）八百屋お七処刑。
- 1911年（明治44）工場法公布。
- 1939年（昭和14）立原道造没す。

3. 30

今日の花・花言葉
えにしだ・清楚

- 1923年（大正12）未成年者飲酒禁止法公布。
- 1947年（昭和22）六・三制発足。
- 1958年（昭和33）国立競技場完成。

3. 31

今日の花・花言葉
くろたね草・夢路の愛情

- 1946年（昭和21）武田麟太郎没す。
- 1970年（昭和45）よど号ハイジャック事件。

4月

4月の異名　卯月《うづき》・余月《よげつ》・陰月・初夏・孟夏・立夏・麦秋

4. 1

エイプリルフール

今日の花・花言葉

アーモンド・真心の愛

- 1173年（承安3）親鸞誕生。
- 1914年（大正3）宝塚歌劇第1回公演。
- 1931年（昭和6）スチュワーデス誕生。
- 1983年（昭和58）放送大学はじまる。
- 1997年（平成9）消費税5%となる。

4. 2

今日の花・花言葉
アネモネ・期待

- 1481年（文明13）一条兼良没す。
- 1932年（昭和7）上野駅舎落成。
- 1951年（昭和26）五百円札登場。
- 1956年（昭和31）高村光太郎没す。

4. 3

今日の花・花言葉
ラッパ水仙・尊敬

- 604年　聖徳太子十七条憲法制定。
- 1582年（天正10）恵林寺快川没す。
- 1673年（延宝1）隠元没す。
- 1868年（慶応4）福沢諭吉慶応義塾を開く。
- 1879年（明治12）長塚節誕生。

4. 4

今日の花・花言葉
赤いアネモネ・君を愛す

- 909年（延喜9）藤原時平没す。
- 1284年（弘安7）北条時宗没す。
- 1516年（永正13）九条政基没す。
- 1879年（明治12）琉球処分。
- 1885年（明治18）中里介山誕生。
- 1888年（明治21）山本五十六誕生。

4. 5

今日の花・花言葉
いちじく・豊富

- 1207年（承元1）九条兼実没す。
- 1827年（文政10）高田屋嘉兵衛没す。
- 1868年（慶応4）内田魯庵誕生。
- 1927年（昭和2）鈴木商店破産（金融恐慌のはじまり）。
- 1998年（平成10）明石海峡大橋開通。

4.6

今日の花・花言葉
福寿草・永久の幸福

- 1768年（明和5）新吉原炎上。
- 1823年（文政6）蜀山人没す。
- 1882年（明治15）板垣退助襲わる「板垣死すとも自由は死せず」。
- 1977年（昭和52）木戸幸一没す。

4.7

今日の花・花言葉
アジアンタム・上機嫌

- 772年（宝亀3）道鏡没す。
- 1133年（長承2）法然誕生。
- 1611年（慶長16）浅野長政没す。
- 1882年（明治15）小川未明誕生。
- 1924年（大正13）團伊玖磨誕生。
- 1945年（昭和20）戦艦大和沈没。

4. 8

花まつり
今日の花・花言葉
えにしだ・博愛

- 1283年（弘安6）阿仏尼没す。
- 1350年（正平5）吉田兼好没す。
- 1457年（長禄1）太田道灌江戸城を築く。
- 1948年（昭和23）東宝争議はじまる。
- 1959年（昭和34）高浜虚子没す。

4. 9

今日の花・花言葉
桜・精神美

- 752年（天平勝宝4）東大寺大仏開眼供養。
- 1892年（明治25）佐藤春夫誕生。
- 1976年（昭和51）武者小路実篤没す。

4. 10

今日の花・花言葉
つるにちにち草・楽しき思い出

- 1909年（明治42）淀川長治誕生。
- 1923年（大正12）競馬法公布。
- 1946年（昭和21）女性代議士誕生。
- 1959年（昭和34）今上天皇結婚。
- 1988年（昭和63）瀬戸大橋開通。

4. 11

今日の花・花言葉
はなしのぶ・来てください

- 1868年（慶応4）「もしほ草」創刊。
- 1902年（明治35）小林秀雄誕生。
- 1951年（昭和26）マッカーサー罷免。

4. 12

今日の花・花言葉
桃の花・恋の奴隷

- 1573年（天正1）武田信玄没す。
- 1815年（文化12）「蘭学事始」成る。
- 1877年（明治10）東京大学設立。

4. 13

今日の花・花言葉
ペルシャ菊・競争心

- 1293年（永仁1）鎌倉大地震（死者2万余）。
- 1776年（安永5）池大雅没す。
- 1903年（明治36）小学校教科書国定化。
- 1905年（明治38）田口卯吉没す。
- 1912年（明治45）石川啄木没す。
- 1929年（昭和4）後藤新平没す。

4. 14

今日の花・花言葉
白いあさがお・喜びあふれ

- 1526年（大永6）「今川仮名目録」成る。
- 1867年（慶応3）高杉晋作没す。
- 1947年（昭和22）独占禁止法公布。

4. 15

今日の花・花言葉
はくさんちどり・素晴しい

- 615年　聖徳太子「法華義疏」を著す。
- 905年（延喜5）「古今和歌集」成る。
- 1725年（享保10）女流俳人秋色女没す。
- 1867年（慶応3）南方熊楠誕生。
- 1983年（昭和53）東京ディズニーランド開園。

4. 16

今日の花・花言葉
チューリップ・美しいひとみ

- 1397年（応永4）北山山荘（金閣寺）上棟式。
- 1877年（明治10）クラーク博士帰国。
- 1972年（昭和47）川端康成自殺。

4. 17

今日の花・花言葉
ドイツ菖蒲・すばらしい結婚

- 723年（養老7）三世一身法を定める。
- 1354年（正平9）北畠親房没す。
- 1616年（元和2）徳川家康没す。
- 1837年（天保8）板垣退助誕生。
- 1895年（明治28）下関条約調印。

4. 18

今日の花・花言葉
れんげ草・感化

- 1567年（永禄10）「六角氏式目」成る。
- 1818年（文政1）伊能忠敬没す。
- 1849年（嘉永2）葛飾北斎没す。
- 1942年（昭和17）アメリカ軍機日本本土初空襲。
- 1943年（昭和18）山本五十六戦死。
- 1964年（昭和39）朝倉文雄没。

4. 19

今日の花・花言葉
ひえん草・清明

- 1951年(昭和26)田中茂樹ボストンマラソンで優勝。

4. 20

今日の花・花言葉
梨・和やかな愛情

- 1556年（弘治2）斎藤道三敗死す。
- 1651年（慶安4）徳川家光没す。
- 1855年（安政2）犬養毅誕生。
- 1901年（明治34）日本女子大学創立。
- 1927年（昭和2）安井コノ女性初の博士に（理学博士）。
- 1971年（昭和46）内田百閒没す。

4. 21

今日の花・花言葉
柳・わが胸の悲しみ

- 1729年（享保14）天一坊獄門。
- 1730年（享保15）富くじはじまる。
- 1932年（昭和7）東京に自動式公衆電話設置。

4. 22

今日の花・花言葉
えぞ菊・信ずる恋

- 1925年（大正14）治安維持法公布。
- 1950年（昭和25）山本富士子初代ミス日本に。

4. 23

今日の花・花言葉
ききょう・やさしい温かさ

- 1862年（文久2）寺田屋騒動。
- 1875年（明治8）上村松園誕生。
- 1895年（明治28）三国干渉。
- 1949年（昭和24）為替レート、1ドル＝360円。
- 1960年（昭和35）賀川豊彦没す。
- 1973年（昭和48）阿部知二没す。

4. 24

今日の花・花言葉
ゼラニウム・決心

- 1583年（天正11）柴田勝家没す。
- 1620年（元和6）三浦按針没す。
- 1734年（享保19）紀伊国屋文左衛門没す。
- 1932年（昭和7）目黒競馬場で第一回ダービー挙行。
- 1951年（昭和26）横浜桜木町で電車炎上し106名焼死。

4. 25

今日の花・花言葉
ばいも・威厳

- 1868年（慶応4）近藤勇処刑さる。
- 1888年（明治21）市町村制公布。
- 1908年（明治41）「味の素」発売。
- 1973年（昭和48）石橋湛山没す。
- 1984年（昭和59）林達夫没す。

4. 26

今日の花・花言葉
みずたがらし・燃える愛情

- 770年（宝亀1）百万塔成る。
- 1264年（文永1）鎌倉幕府田麦年貢の徴収を禁ずる。
- 1889年（明治22）河鍋暁斎没す。
- 1954年（昭和29）映画「七人の侍」公開。

4. 27

今日の花・花言葉
すいれん・清純な心

- 1180年（治承4）以仁王令旨伊豆に着く。
- 1897年（明治30）帝国図書館（現国会図書館）開館。
- 1989年（平成1）松下幸之助没す。

4. 28

今日の花・花言葉
赤いさくら草・かえりみられない美

- 1634年（寛永11）左甚五郎没す。
- 1809年（文化6）島津斉彬誕生。
- 1937年（昭和12）第一回文化勲章授与。
- 1944年（昭和19）中里介山没す。
- 1952年（昭和27）サンフランシスコ講和条約発効。

4. 29

昭和の日
今日の花・花言葉
椿・魅力

- 1901年（明治34）昭和天皇誕生。
- 1907年（明治40）中原中也誕生。
- 1912年（明治45）夕張炭鉱大爆発。267人死亡。
- 1962年（昭和37）田辺元没す。

4. 30

今日の花・花言葉
きんぐさり・淋しい美しさ

- 670年　法隆寺全焼。
- 1189年（文治5）源義経没す。
- 1358年（正平13）足利尊氏没す。
- 1959年（昭和34）永井荷風没す。
- 1973年（昭和48）大仏次郎没す。

5月

5月の異名　皐月《さつき》・啓月・悪月・
雨月・浴蘭月・仲夏・
啓明・薫風

5. 1

メーデー

今日の花・花言葉

さくら草・若い時代と悲しみ

- 1733年（享保18）円山応挙誕生。
- 1923年（大正12）小田急電車新宿―小田原間で運転開始。
- 1948年（昭和23）美空ひばりデビュー。
- 1952年（昭和27）メーデー事件。1232人逮捕。

5. 2

今日の花・花言葉
きんぽうげ・子供らしさ

- 756年（天平勝宝8）聖武天皇没す。
- 995年（長徳1）道綱母没す。
- 1875年（明治8）郵便貯金制度創業。
- 1886年（明治19）鉛筆の工場生産開始。
- 1917年（大正6）景山英子没す。
- 1920年（大正9）日本初のメーデー集会。

5. 3

憲法記念日

今日の花・花言葉
たんぽぽ・思わせぶり

- 1213年（建保1）和田義盛没す（和田氏の乱）。
- 1900年（明治33）島田啓三誕生。
- 1936年（昭和11）池田菊苗没す（「味の素」）。
- 1947年（昭和22）「日本国憲法」施行。
- 1961年（昭和36）柳宗悦没す。
- 1965年（昭和40）中勘助没す。

5. 4

みどりの日

今日の花・花言葉

いちご・尊重と愛情

- 1938年（昭和13）嘉納治五郎没す。
- 1974年（昭和49）堀江謙一ヨットで世界一周する。

5. 5

こどもの日（端午）

今日の花・花言葉

すずらん・繊細

- 1763年（宝暦13）小林一茶誕生。
- 1804年（文化1）高野長英誕生。
- 1864年（元治1）冷泉為恭没す。
- 1882年（明治15）金田一京助誕生。
- 1951年（昭和26）児童憲章制定。

5. 6

今日の花・花言葉
あらせいとう・永遠の美

- 1408年（応永15）足利義満没す。
- 1694年（元禄7）三井高利没す。
- 1907年（明治40）井上靖誕生。

5. 7

今日の花・花言葉
いちご（葉）・愛と尊敬

- 1602年（慶長7）前田玄以没す。
- 1703年（元禄16）「曽根崎心中」初演。
- 1873年（明治6）美濃部達吉誕生。
- 1875年（明治8）千島・樺太交換条約。
- 1888年（明治21）加藤弘之らに初の博士号授与。
- 1922年（大正11）亜欧堂田善没す。

5. 8

世界赤十字デー

今日の花・花言葉

すいれん・清純な心

- 1615年（元和1）大坂落城（大坂夏の陣）。
- 1662年（寛文2）鄭成功没す。
- 1955年（昭和30）砂川闘争はじまる。

5. 9

今日の花・花言葉

八重桜・しとやか

- 1724年（享保9）前田綱紀没す。
- 1876年（明治9）上野公園開園。
- 1956年（昭和31）日本登山隊マナスル登頂成功。

5. 10

今日の花・花言葉
花菖蒲・優雅な心

- 1863年（文久3）馬関戦争。
- 1871年（明治4）新貨条例。
- 1909年（明治42）二葉亭四迷没す。

5. 11

今日の花・花言葉
りんご・誘惑

- 1473年（文明5）細川勝元没す。
- 1869年（明治2）土方歳三戦死。
- 1891年（明治24）大津事件。
- 1942年（昭和17）萩原朔太郎没す。
- 1961年（昭和36）小川未明没す。
- 1966年（昭和41）小泉信三没す。
- 1970年（昭和45）日本登山隊エベレスト登頂成功。

5.12

今日の花・花言葉
ライラック・愛の芽生え

- 1885年（明治18）武者小路実篤誕生。
- 1903年（明治36）草野心平誕生。
- 1925年（大正14）治安維持法施行。
- 1939年（昭和14）ノモンハン事件おこる。
- 1948年（昭和23）海上保安庁開庁。
- 1962年（昭和37）秋田雨雀没す。

5.13

今日の花・花言葉
さんざし・唯一の恋

- 1401年（応永8）足利義満明への国書を書く。
- 1672年（寛文12）水戸彰考館開設。
- 1829年（文政12）松平定信没す。
- 1911年（明治44）谷干城没す。
- 1930年（昭和5）田山花袋没す。

5. 14

今日の花・花言葉
おだまき・勝利の誓い

- 1221年（承久3）承久の変。
- 1227年（安貞1）北条時頼誕生。
- 1839年（天保10）蛮社の獄。
- 1863年（文久3）勝海舟神戸海軍操練所を開設。
- 1878年（明治11）大久保利通暗殺さる。
- 1882年（明治15）斎藤茂吉誕生。

5. 15

今日の花・花言葉
忘れな草・真実の愛

- 1833年（天保4）青木木米没す。
- 1893年（明治26）市川房枝誕生。
- 1932年（昭和7）犬養毅暗殺さる（五・一五事件）。
- 1972年（昭和47）沖縄の日本復帰。

5. 16

今日の花・花言葉
柳たんぽぽ・宣言

- 1894年（明治27）北村透谷没す。
- 1953年（昭和28）大相撲のテレビ中継はじまる。
- 1968年（昭和43）十勝沖地震。
- 1975年（昭和50）日本女性登山隊エベレスト登頂成功。

5. 17

今日の花・花言葉
黄色のチューリップ・愛の意志

- 1890年（明治23）府県制・郡制公布。
- 1909年（明治42）安井曾太郎誕生。
- 同年、横山隆一誕生。
- 1951年（昭和26）貞明皇后没す。

5. 18

今日の花・花言葉
さくら草・初恋

- 1694年（元禄7）杉山検校没す。
- 1869年（明治2）榎本武揚ら降伏し戊辰戦争おわる。

5. 19

今日の花・花言葉
はくさんちどり・美点の持主

- 1560年（永禄3）今川義元敗死（桶狭間の戦い）。
- 1565年（永禄8）足利義輝没す。
- 1645年（正保2）宮本武蔵没す。
- 1725年（享保10）新井白石没す。
- 1795年（寛政7）長谷川平蔵没す。
- 1870年（明治3）西田幾多郎誕生。
- 1946年（昭和21）食糧メーデー。
- 1991年（平成3）雲仙・普賢岳噴火。

5. 20

今日の花・花言葉
かたばみ・輝く心

- 1353年（正平8）北条時行没す。
- 1496年（明応5）日野富子没す。
- 1914年（大正3）兵藤（前畑）秀子誕生。
- 1941年（昭和16）東京港開港。
- 1978年（昭和53）新東京国際空港（成田空港）開港。

5. 21

今日の花・花言葉
ひえん草・自由

- 720年（養老4）「日本書紀」成る。
- 1575年（天正3）長篠合戦。
- 1896年（明治29）大山信子没す。
- 1928年（昭和3）野口英世没す。
- 1956年（昭和31）ビキニ環礁で水爆実験。

5. 22

今日の花・花言葉
つりうき草・熱烈な心

- 1333年（元弘3）北条高時自刃（鎌倉幕府滅亡）。
- 1338年（延元3）北畠顕家討死す。
- 1841年（天保12）天保改革はじまる。
- 1904年（明治37）上野彦馬没す。
- 1918年（大正7）孫文が日本へ亡命。
- 1959年（昭和34）吉岡弥生没す。
- 1989年（平成1）相沢忠洋没す。

5. 23

今日の花・花言葉
草の芽・初恋の思い出

- 1663年（寛文3）武家諸法度改訂。
- 1672年（寛文12）石川丈山没す。
- 1903年（明治36）サトウ・ハチロー誕生。
- 1948年（昭和23）美濃部達吉没す。
- 1969年（昭和44）初の「公害白書」出る。

5. 24

今日の花・花言葉
ヘリオトロープ・愛よ永遠なれ

- 1636 年（寛永 13）伊達政宗没す。
- 1790 年（寛政 2）寛政異学の禁。
- 1949 年（昭和 24）年齢を満でかぞえる法律公布。
- 1960 年（昭和 35）チリ地震津波。
- 1971 年（昭和 46）平塚雷鳥没す。

5. 25

今日の花・花言葉
パンジー・純愛

- 1336 年（延元 1）楠木正成没す（湊川合戦）。
- 1893 年（明治 26）浜田広介誕生。
- 1899 年（明治 32）郵便ハガキ 1 銭 5 厘となる。
- 1902 年（明治 35）横溝正史誕生。
- 1955 年（昭和 30）『広辞苑』発刊。
- 1974 年（昭和 49）石田幹之助没す。

5. 26

今日の花・花言葉
オリーブ・平和

- 1180年（治承4）以仁王敗死。
- 1467年（応仁1）応仁の乱はじまる。
- 1877年（明治10）木戸孝允没す。
- 1933年（昭和8）滝川事件。
- 1946年（昭和21）三浦環没す。
- 1969年（昭和44）東名高速道路全通。
- 1983年（昭和58）日本海中部沖地震。

5. 27

今日の花・花言葉
ひなぎく・無邪気

- 743年（天平15）墾田永年私財法。
- 1579年（天正7）安土宗論。
- 1905年（明治38）日本海海戦。

5. 28

今日の花・花言葉
はっか・美徳

- 880年（元慶4）在原業平没す。
- 1193年（建久4）曽我兄弟の仇討ち。
- 1733年（享保18）両国川開きはじまる。
- 1902年（明治35）電柱広告許可。
- 1953年（昭和28）堀辰雄没す。
- 1984年（昭和59）森戸辰男没す。

5. 29

今日の花・花言葉
むらさきつめ草・快活

- 1817年（文化14）海保青陵没す。
- 1882年（明治15）東京でコレラ流行し死者3万余人。
- 1882年（明治15）野口雨情誕生。
- 1889年（明治22）内田百閒誕生。
- 1942年（昭和17）与謝野晶子没す。
- 1943年（昭和18）アッツ島守備隊全滅。

5. 30

今日の花・花言葉
紫のライラック・愛の芽生え

- 1747年（延享4）太宰春台没す。
- 1930年（昭和5）間島事件（朝鮮独立運動）。
- 1934年（昭和9）東郷平八郎没す。
- 1950年（昭和25）三遊亭歌笑没す。

5. 31

今日の花・花言葉
つるぼ・がまんづよい

- 1832年（天保3）ねずみ小僧逮捕。
- 1909年（明治42）浅間山大爆発。
- 同年、両国国技館完成。
- 1946年（昭和21）初のラジオ街頭録音。

6月

6月の異名　水無月《みなつき》・旦月・季月《きげつ》・
伏月・季夏・晩夏・
炎陽・小暑

6. 1

今日の花・花言葉
ばら・君のみが知る

- 1177年（治承1）鹿ヶ谷事件。
- 1837年（天保8）生田万没す（生田万の乱）。
- 1875年（明治8）東京気象台開設。
- 1888年（明治21）東京天文台設置。
- 1903年（明治36）日比谷公園開園。
- 1985年（昭和60）男女雇用機会均等法公布。

6. 2

今日の花・花言葉
赤いおだまき・素直

- 1180年（治承4）福原遷都。
- 1582年（天正10）織田信長没す（本能寺の変）。
- 1716年（享保1）尾形光琳没す。
- 1743年（寛保3）尾形乾山没す。
- 1859年（安政6）神奈川・長崎・函館三港開港。

6. 3

今日の花・花言葉
亜麻・感謝

- 1685年（貞享2）八橋検校没す。
- 1853年（嘉永6）ペリー浦賀に来航。
- 1872年（明治5）佐々木信綱誕生。
- 1915年（大正4）横山源之助没す。

6. 4

今日の花・花言葉
ばら・照り映える容色

- 822年（弘仁13）最澄没す。
- 1892年（明治25）最初の水力発電所。
- 1928年（昭和3）張作霖爆死事件。

6. 5

今日の花・花言葉
マリーゴールド・可憐な愛情

- 884年（元慶8）藤原基経関白となる。
- 1206年（建永1）重源没す。
- 1247年（宝治1）宝治合戦（三浦氏滅亡）。
- 1857年（安政4）後藤新平誕生。
- 1864年（元治1）池田屋事件。
- 1882年（明治15）講道館開設。
- 1939年（昭和14）阿部重孝没す。
- 1963年（昭和38）黒四ダム完成。

6. 6

今日の花・花言葉
黄菖蒲・信じる者の幸福

- 1695年（元禄8）玉川庄右衛門没す。
- 1863年（文久3）高杉晋作ら奇兵隊を組織。
- 1870年（明治3）巌谷小波誕生。

6. 7

今日の花・花言葉
あさぎり草・慕う心

- 1905年（明治38）岸田吟香没す。
- 1945年（昭和20）西田幾多郎没す。
- 1966年（昭和41）安倍能成没す。

6. 8

今日の花・花言葉
ジャスミン・愛らしさ

- 1877年（明治10）窪田空穂誕生。
- 1884年（明治17）天下の糸平没す。
- 1888年（明治21）千家元麿誕生。

6. 9

今日の花・花言葉
スイートピー・やさしい思い出

- 1488年（長享2）加賀一向一揆、守護富樫政親を自殺させる。
- 1767年（明和4）滝沢馬琴誕生。
- 1886年（明治19）山田耕筰誕生。
- 1923年（大正12）有島武郎心中。

6. 10

時の記念日

今日の花・花言葉

ひげなでしこ・義侠

- 1017年（寛仁1）源信没す。
- 1225年（嘉禄1）大江広元没す。
- 1628年（寛永5）徳川光圀誕生。
- 1863年（文久3）緒方洪庵没す。
- 1913年（大正2）ミルクキャラメル発売。
- 1959年（昭和34）国立西洋美術館開館。

6. 11

今日の花・花言葉

ばいも・威厳

- 1791年（寛政3）寛政上覧相撲。
- 1873年（明治6）第一国立銀行設立。
- 1886年（明治19）岡本一平誕生。
- 1899年（明治32）川端康成誕生。

6. 12

今日の花・花言葉
もくせい草・魅力

- 645年（大化1）大化改新はじまる。
- 1893年（明治26）清水次郎長没す。
- 同年、福島安正シベリア横断。
- 1980年（昭和55）大平正芳没す。

6. 13

今日の花・花言葉
ジギタリス・胸の思い

- 1388年（元中5）二条良基没す。
- 1582年（天正10）明智光秀没す（山崎合戦）。
- 1610年（慶長15）田中勝介太平洋横断に出発。
- 同年、伊奈忠次没す。
- 1615年（元和1）一国一城令。
- 1798年（寛政10）本居宣長「古事記伝」完成。
- 1924年（大正13）筑地小劇場開場。
- 1931年（昭和6）北里柴三郎没す。
- 1948年（昭和23）太宰治自殺す。

6. 14

今日の花・花言葉
るりはこべ・追想

- 1571年（元亀2）毛利元就没す。
- 1940年（昭和15）勝鬨橋開通。

6. 15

今日の花・花言葉
カーネーション・情熱

- 774年（宝亀5）空海誕生。
- 1242年（仁治3）北条泰時没す。
- 1705年（宝永2）北村季吟没す。
- 1770年（明和7）鈴木春信没す。
- 1896年（明治29）三陸大津波。
- 1911年（明治44）大鳥圭介没す。
- 1928年（昭和3）梅ケ谷（初代）没す。
- 1960年（昭和35）60年安保闘争で樺美智子死す。
- 1968年（昭和43）文化庁開庁。

6. 16

今日の花・花言葉
チューベローズ・危険な快楽

- 1699年（元禄12）川村瑞賢没す。
- 1884年（明治17）天気予報はじまる。
- 1964年（昭和39）新潟地震。

6. 17

今日の花・花言葉
しろつめ草・感化

- 988年（永延2）藤原保輔没す。
- 1857年（安政3）阿部正弘没す。
- 1869年（明治2）版籍奉還。
- 1877年（明治10）モース来日。

6. 18

今日の花・花言葉
木立じゃこう草・勇気

- 1945年（昭和20）沖縄戦。女子生徒集団自決。

6. 19

今日の花・花言葉
ばら・愛

- 1053年（天喜1）白河天皇誕生。
- 1666年（寛文6）初代柿右衛門没す。
- 1858年（安政5）日米修好通商条約締結。
- 1933年（昭和8）丹那トンネル開通。
- 1959年（昭和34）金森徳次郎没す。
- 1960年（昭和35）安保闘争（条約自然成立）。

6. 20

今日の花・花言葉
とらのお・達成

- 941年（天慶4）藤原純友殺さる（天慶の乱）。
- 1654年（承応3）玉川上水竣工。
- 1751年（宝暦1）徳川吉宗没す。
- 1922年（大正11）饗庭篁村没す。

6. 21

今日の花・花言葉
月見草・自由な心

- 756年（天平感宝8）正倉院建立。
- 1635年（寛永12）参覲交代制を確立。
- 1793年（寛政5）林子平没す。

6. 22

今日の花・花言葉
がまずみ・愛は死よりつよし

- 1205年（元久2）畠山重忠没す。
- 1408年（応永15）南蛮船小浜に入港。
- 1897年（明治30）京都帝国大学設置。
- 1903年（明治36）山本周五郎誕生。
- 1907年（明治40）東北帝国大学設置。

6. 23

今日の花・花言葉
たちあおい・熱烈な恋

- 1794年（寛政6）水野忠邦誕生。
- 1908年（明治41）国木田独歩没す。
- 1913年（大正2）荻野吟子没す。
- 1944年（昭和19）昭和新山誕生。
- 1961年（昭和36）青野季吉没す。
- 1967年（昭和42）壺井栄没す。

6. 24

今日の花・花言葉
バーベナ・家族の和合

- 672年　壬申の乱おこる。
- 1441年（嘉吉1）赤松満祐将軍義教を暗殺。
- 1611年（慶長16）加藤清正没す。

6. 25

今日の花・花言葉
あさがお・はかない恋

- 845年（承和12）菅原道真誕生。
- 1950年（昭和25）朝鮮戦争勃発。
- 1956年（昭和31）宮城道雄没す。
- 1959年（昭和34）昭和天皇プロ野球観戦。

6. 26

今日の花・花言葉
白いライラック・美しい契り

- 1833年（天保4）木戸孝允誕生。
- 1934年（昭和9）内藤湖南没す。
- 1968年（昭和43）小笠原諸島日本復帰。

6. 27

今日の花・花言葉
とけい草・聖なる愛

- 1483年（文明15）足利義政銀閣寺に移る。
- 1809年（文化6）上田秋成没す。
- 1850年（嘉永3）小泉八雲誕生。

6. 28

今日の花・花言葉
ゼラニウム・君ありて幸福

- 1570年（元亀1）姉川合戦。
- 1791年（寛政3）大黒屋光太夫、女帝エカテリーナに謁見。
- 1875年（明治8）讒謗律制定。
- 1914年（大正3）サラエヴォ事件（第一次世界大戦はじまる）。
- 1948年（昭和23）福井大地震。
- 1951年（昭和26）林芙美子没す。

6. 29

今日の花・花言葉
赤いゼラニウム・君ありて幸福

- 1801年（享和1）細井平州没す。
- 1841年（天保12）松浦静山没す。
- 1903年（明治36）滝廉太郎没す。
- 1907年（明治40）足尾鉱毒問題による強制移転で谷中村滅亡。
- 1928年（昭和3）治安維持法改正法公布。
- 1929年（昭和4）内田魯庵没す。
- 1935年（昭和10）牧逸馬没す。

6. 30

今日の花・花言葉
すいかずら・愛の絆

- 1336年（延元1）名和長年没す。
- 1892年（明治25）弘田龍太郎誕生。
- 1898年（明治31）初の政党内閣（隈坂内閣）成立。
- 1971年（昭和46）イタイイタイ病訴訟判決。
- 1975年（昭和50）金子光晴没す。

7月

7月の異名　文月《ふづき》・親月《しんげつ》・蘭月・
冷月・桐月・七夕月・
初秋・孟秋

7. 1

今日の花・花言葉
松葉菊・怠惰

- 1281年（弘安4）元軍博多港に至る（弘安の役）。
- 1889年（明治22）東海道線全線開通。
- 1890年（明治23）第一回衆議院選挙。
- 1904年（明治37）煙草専売制度開始。
- 1954年（昭和29）防衛庁設置。

7. 2

今日の花・花言葉
金魚草・欲望

- 1338 年（暦応 1）新田義貞敗死。
- 1736 年（元文 1）荷田春満没す。
- 1863 年（文久 3）薩英戦争。
- 1905 年（明治 38）石川達三誕生。
- 1924 年（大正 13）松方正義没す。
- 1950 年（昭和 25）金閣寺炎上。

7. 3

今日の花・花言葉
白いけし・忘却

- 607 年　小野妹子隋に遣わされる。
- 1709 年（宝永 6）徳川家継誕生。
- 1722 年（享保 7）上げ米の制（享保改革）。
- 1902 年（明治 35）吉野秀雄誕生。

7. 4

今日の花・花言葉
紫のモクレン・自然愛

- 757年（天平宝字1）橘奈良麻呂の乱。
- 1564年（永禄7）三好長慶没す。
- 1899年（明治32）東京新橋にビアホール開店。
- 1947年（昭和22）初の「経済白書」刊行。

7. 5

今日の花・花言葉
ラベンダー・豊香

- 1215年（建保3）栄西没す。
- 1590年（天正18）小田原開城（後北条氏滅亡）。
- 1654年（承応3）隠元来日。
- 1949年（昭和24）下山事件。

7. 6

今日の花・花言葉
ひまわり・愛慕

- 723年（養老7）太安麻呂没す。
- 1715年（正徳5）稲生若水没す。
- 1783年（天明3）浅間山大爆発。
- 1894年（明治27）高橋由一没す。

7. 7

七夕
今日の花・花言葉
あかすぐり・予想

- 1615年（元和1）武家諸法度制定。
- 1884年（明治17）華族令制定。
- 1937年（昭和12）蘆溝橋事件（日中戦争のはじまり）。

7. 8

今日の花・花言葉
みやこ草・また逢う日まで

- 1588年（天正16）刀狩令。
- 1908年（明治41）東山魁夷誕生。
- 1950年（昭和25）プロ野球ナイター初中継。

7. 9

今日の花・花言葉
アイビー・ゼラニウム・真実の愛情

- 1615年（元和1）江戸に降雪（旧暦6月1日）。
- 1916年（大正5）上田敏没す。
- 1922年（大正11）森鴎外没す。

7. 10

今日の花・花言葉
ふうりん草・感謝

- 1912年（明治45）初のタクシー会社設立。
- 1927年（昭和2）岩波文庫創刊。
- 1933年（昭和8）初のナイター野球（早大球場）。
- 1947年（昭和22）登呂遺跡発掘開始。
- 1993年（平成5）井伏鱒二没す。

7. 11

今日の花・花言葉
アスフォデル・私は君のもの

- 1156年（保元1）保元の乱おこる。
- 1225年（嘉禄1）北条政子没す。
- 1861年（文久1）岩瀬忠震没す。
- 1893年（明治26）御木本幸吉が真珠の養殖に成功。

7. 12

今日の花・花言葉
まるばのほろし・だまされない

- 1192年（建久3）源頼朝征夷大将軍となる。
- 1969年（昭和44）石川謙没す。
- 1993年（平成5）北海道南西沖地震。

7. 13

今日の花・花言葉
草の花・実際家

- 1221年（承久3）後鳥羽上皇隠岐へ流さる。
- 1596年（慶長1）京都大地震。
- 1638年（寛永15）烏丸光広没す。
- 1847年（弘化4）森有礼誕生。
- 1882年（明治15）青木繁誕生。
- 1886年（明治19）兵庫県明石の時計を日本標準時とする（イギリスのグリニッジ天文台との時差は9時間）。
- 1947年（昭和22）野口米次郎没す。

7. 14

今日の花・花言葉
フロックス・温和

- 1156年（保元1）藤原頼長敗死（保元の乱）。
- 1180年（治承4）後鳥羽天皇誕生。
- 1810年（文化7）緒方洪庵誕生。
- 1863年（文久3）会沢正志斎没す。
- 1871年（明治4）廃藩置県。
- 1970年（昭和45）「日本」の呼称を「ニッポン」に統一。

7. 15

今日の花・花言葉
ばら・愛らしさ

- 1871年（明治4）国木田独歩誕生。
- 1888年（明治21）磐梯山爆発。
- 1922年（大正11）日本共産党創立。
- 1924年（大正13）黒田清輝没す。
- 1949年（昭和24）三鷹事件。

7. 16

今日の花・花言葉
ストック・永遠の美

- 1260年（文応1）日蓮「立正安国論」を幕府に提出。
- 1953年（昭和28）伊東絹子ミスユニバース3位となる。

7. 17

今日の花・花言葉
白いバラ・尊敬

- 1600年（慶長5）細川ガラシャ誕生。
- 1604年（慶長9）徳川家光誕生。
- 1868年（慶応4）江戸を東京と改称。
- 1903年（明治36）竹山道雄誕生。
- 1987年（昭和62）石原裕次郎没す。

7. 18

今日の花・花言葉
こけばら・可憐

- 1034年（長元7）後三条天皇誕生。
- 1204年（元久1）源頼家没す。
- 1573年（天正1）足利義昭追放、室町幕府滅亡。
- 1657年（明暦3）幡随院長兵衛没す。
- 1866年（慶応2）内藤湖南誕生。
- 1944年（昭和19）東条内閣総辞職。

7. 19

今日の花・花言葉
とりかぶと・美しい輝やき

- 893年（寛平5）在原行平没す。
- 931年（承平1）宇多天皇没す。
- 1960年（昭和35）女性大臣誕生（池田内閣の中山マサ厚生大臣）。
- 1967年（昭和42）浅原健三没す。
- 同年、今井通子・若山美子マッターホルン北壁登頂成功。

7. 20

土用
今日の花・花言葉
なすの花・真実

- 1627年（寛永4）伊藤仁斎誕生。

7. 21

今日の花・花言葉
黄色いバラ・美

- 1203年（建仁3）文覚没す。
- 1965年（昭和40）赤松常子没す。
- 1981年（昭和56）千代の富士第58代横綱となる。

7. 22

今日の花・花言葉
なでしこ・思慕

- 1549年（天文18）フランシスコ・ザビエル鹿児島に上陸。
- 1823年（文政6）河内山宗春没す。
- 1922年（大正11）高峰譲吉没す。

7. 23

今日の花・花言葉
ばら・温かい心

- 1335年（建武2）護良親王殺さる。
- 1651年（慶安4）慶安事件おこる。
- 1697年（元禄10）宮崎安貞没す。
- 1787年（天明7）二宮尊徳誕生。
- 1867年（慶応3）幸田露伴誕生。
- 1918年（大正7）富山の米騒動。

7. 24

今日の花・花言葉
えんれい草・奥ゆかしい心

- 1788年（天明8）田沼意次没す。
- 1886年（明治19）谷崎潤一郎誕生。
- 1894年（明治27）豊島沖海戦。
- 1927年（昭和2）芥川龍之介自殺。
- 1959年（昭和34）児島明子ミスユニバースに。

7. 25

今日の花・花言葉
にわとこ・熱心

- 731年（天平3）大伴旅人没す。
- 1578年（天正6）大友宗麟洗礼を受ける。
- 1903年（明治36）小磯良平誕生。

7. 26

今日の花・花言葉
にがよもぎ・平和

- 1481年（文明13）朝倉孝景没す。
- 1651年（慶安4）由井正雪没す。
- 1831年（天保2）防長大一揆。
- 1881年（明治14）小山内薫誕生。
- 1945年（昭和20）ポツダム宣言。

7. 27

今日の花・花言葉
ゼラニウム・真実の愛情

- 1719年（享保4）田沼意次誕生。
- 1854年（安政1）高橋是清誕生。
- 1887年（明治20）山本有三誕生。
- 1976年（昭和51）田中角栄前首相ロッキード事件で逮捕。

7. 28

今日の花・花言葉
なでしこ・いつも愛して

- 1965年（昭和40）江戸川乱歩没す。

7. 29

今日の花・花言葉
さぼてん・燃える心

- 1179年（治承3）平重盛没す。
- 1894年（明治27）木口小平没す。
- 1989年（平成1）辰巳柳太郎没す。

7. 30

今日の花・花言葉
シナノキ・夫婦愛

- 1502年（文亀2）宗祇没す。
- 1894年（明治27）北里柴三郎ペスト菌発見。
- 1912年（明治45）明治天皇没す。
- 1913年（大正2）新見南吉誕生。
- 1914年（大正3）立原道造誕生。
- 1947年（昭和22）幸田露伴没す。
- 1965年（昭和40）谷崎潤一郎没す。

7. 31

今日の花・花言葉
かぼちゃ・広大

- 1826年（文政9）クラーク博士誕生。
- 1875年（明治8）柳田國男誕生。

8月

8月の異名　葉月《はづき》・壮月・素月・観月・仲秋・仲商・白露

8. 1

八朔

今日の花・花言葉

赤いけし・なぐさめ

- 1590年（天正18）徳川家康江戸入府。
- 1885年（明治18）木下杢太郎誕生。
- 1889年（明治22）室生犀星誕生。
- 1894年（明治27）日清戦争はじまる（宣戦布告）。
- 1923年（大正12）中田喜直誕生。

8. 2

今日の花・花言葉
矢車草・幸福

- 1721 年（享保 6）目安箱設置。
- 1723 年（享保 8）三浦梅園誕生。
- 1738 年（元文 3）上島鬼貫没す。
- 1872 年（明治 5）学制頒布。
- 1903 年（明治 36）中野好夫誕生。
- 1914 年（大正 3）木下順二誕生。
- 1918 年（大正 7）シベリア出兵。
- 1931 年（昭和 6）人見絹枝没す。

8. 3

今日の花・花言葉
ぎんせんか・乙女の美しい姿

- 701 年（大宝 1）大宝律令成る。
- 720 年（養老 4）藤原不比等没す。
- 1653 年（承応 2）佐倉宗吾処刑さる。

8. 4

今日の花・花言葉
とうもろこし・財宝

- 1830年（天保1）吉田松陰誕生。
- 1922年（大正11）石井好子誕生。
- 1944年（昭和19）学童集団疎開第一陣出発。
- 1992年（平成4）松本清張没す。

8. 5

今日の花・花言葉
エリカ・孤独

- 1900年（明治33）壺井栄誕生。
- 1991年（平成3）本田宗一郎没す。

8. 6

今日の花・花言葉
のうぜんかずら・名誉

- 1926 年（大正 15）東京向島に同潤会アパート完成。
- 1926 年（大正 15）NHK 設立。
- 1945 年（昭和 20）広島に原子爆弾投下。
- 1993 年（平成 5）土井たか子衆議院議長となる。

8. 7

今日の花・花言葉
ざくろ・円熟の美

- 1720 年（享保 5）江戸町火消登場。
- 1831 年（天保 2）十返舎一九没す。
- 1955 年（昭和 30）トランジスタラジオ登場。

8. 8

今日の花・花言葉
つつじ・愛のよろこび

- 1506年（永正3）雪舟没す。
- 1762年（宝暦12）山脇東洋没す。
- 1945年（昭和20）ソビエト対日宣戦布告。
- 1962年（昭和37）柳田國男没す。
- 1973年（昭和48）金大中誘拐さる。

8. 9

今日の花・花言葉
シスタス・人気

- 1192年（建久3）源実朝誕生。
- 1871年（明治4）断髪令。
- 1945年（昭和20）長崎に原子爆弾投下。
- 同年、戸坂潤没す。

8. 10

今日の花・花言葉
こけ・母性愛

- 708 年（和銅 1）和同開珎発行。
- 1232 年（貞永 1）貞永式目制定。
- 1693 年（元禄 6）井原西鶴没す。
- 1724 年（享保 9）西川如見没す。

8. 11

今日の花・花言葉
赤い紋天竺あおい・慰安

- 1338 年（延元 3）足利尊氏征夷大将軍となる。
- 1584 年（天正 12）筒井順慶没す。
- 1892 年（明治 25）吉川英治誕生。
- 1900 年（明治 33）三遊亭円朝没す。
- 1936 年（昭和 11）前畑(兵藤)秀子ベルリンオリンピック 200 m 平泳ぎで優勝。

8. 12

今日の花・花言葉
きょうちくとう・危険

- 1736年（元文1）大岡忠相寺社奉行となる。
- 1962年（昭和37）堀江謙一ヨットで太平洋横断に成功。
- 1985年（昭和60）日航ジャンボ機御巣鷹山に墜落。

8. 13

今日の花・花言葉
キリン草・警戒

- 802年（延暦21）阿弖流為《アテルイ》没す。
- 1578年（天正6）上杉謙信没す。
- 1870年（明治3）城ヶ島灯台点灯。
- 1965年（昭和40）池田勇人没す。

8. 14

今日の花・花言葉
ジャーマンダー・愛敬

- 1816年（文化13）塩原太助没す。
- 1876年（明治9）札幌農学校開校。
- 1900年（明治33）北清事変。
- 1945年（昭和20）ポツダム宣言受諾。

8. 15

今日の花・花言葉
ひまわり・光輝

- 1519年（永正16）北条早雲没す。
- 1761年（宝暦11）山東京伝誕生。
- 1909年（明治42）内村直也誕生。
- 1945年（昭和20）敗戦。
- 同年、阿南惟幾割腹自殺。
- 1996年（平成8）丸山真男没す。

8. 16

今日の花・花言葉
タマリンド・ぜいたく

- 1439年（永享11）永享の乱。
- 1929年（昭和4）津田梅子没す。

8. 17

今日の花・花言葉
ゆりの木・田園の幸福

- 1252年（建長4）鎌倉長谷大仏鋳造。
- 1691年（元禄4）熊沢蕃山没す。
- 1945年（昭和20）「千円札」できる。
- 1949年（昭和24）松川事件。
- 1965年（昭和40）高見順没す。

8. 18

今日の花・花言葉
たちあおい・熱烈な恋

- 767年（神護景雲1）最澄誕生。
- 1598年（慶長3）豊臣秀吉没す。
- 1864年（元治1）伊藤左千夫誕生。
- 1915年（大正4）第一回全国中等学校優勝野球大会開催。

8. 19

今日の花・花言葉
すいせんのう・誠実

- 866年（貞観8）藤原良房摂政となる。
- 1807年（文化4）江戸の永代橋落下、死者多数。
- 1832年（天保3）ねずみ小僧刑死。
- 1917年（大正6）菊池大麓没す。

8. 20

今日の花・花言葉
フリージア・純潔

- 1124 年（天治 1）中尊寺金色堂成る。
- 1241 年（仁治 2）藤原定家没す。
- 1573 年（天正 1）朝倉義景敗死。
- 1839 年（天保 10）高杉晋作誕生。
- 1876 年（明治 9）尾上柴舟誕生。

8. 21

今日の花・花言葉
きんみずひき・感謝

- 1611 年（慶長 16）会津大地震（猪苗代湖できる）。
- 1862 年（文久 2）生麦事件。
- 1877 年（明治 10）上野公園に噴水出現。
- 1916 年（大正 5）五島昇誕生。

8. 22

今日の花・花言葉
しもつけ草・努力

- 1358年（正平13）足利義満誕生。
- 1854年（安政1）辰野金吾誕生。
- 1903年（明治36）東京に路面電車走る。
- 1910年（明治43）韓国併合。
- 1943年（昭和18）島崎藤村没す。

8. 23

今日の花・花言葉
菩提樹・夫婦愛

- 1289年（正応2）一遍没す。
- 1594年（文禄3）石川五右衛門刑死。
- 1868年（慶応4）白虎隊自刃。
- 1900年（明治33）黒田清隆没す。
- 同年、三好達治誕生。

8. 24

今日の花・花言葉
きんせんか・別れの悲しみ

- 1776年（安永5）平田篤胤誕生。
- 1878年（明治11）竹橋事件。
- 1879年（明治12）瀧廉太郎誕生。
- 1885年（明治18）若山牧水誕生。
- 1897年（明治30）陸奥宗光没す。
- 1979年（昭和54）中野重治没す。

8. 25

今日の花・花言葉
アンスリウム・恋にもだえる心

- 1290年（正応3）叡尊没す。
- 1498年（明応7）東海大地震（浜名湖が海続きとなる）。
- 1543年（天文12）鉄砲伝来。
- 1648年（慶安1）中江藤樹没す。
- 1836年（天保7）榎本武揚誕生。

8. 26

今日の花・花言葉
こきんばいざさ・光を求める

- 1620 年（元和 6）支倉常長帰国。
- 1622 年（元和 8）山鹿素行誕生。
- 1903 年（明治 36）楠本いね没す。
- 1920 年（大正 9）初の海洋気象台、神戸に設置。
- 1931 年（昭和 6）浜口雄幸没す。
- 1949 年（昭和 24）シャウプ勧告。

8. 27

今日の花・花言葉
ぜんまい・夢想

- 663 年　白村江の戦い。
- 1896 年（明治 29）宮沢賢治誕生。
- 1926 年（大正 15）第二回世界女子陸上走り幅とびで人見絹枝優勝。

8. 28

今日の花・花言葉
エリンギウム・秘密の愛情

- 785年（延暦4）大伴家持没す。
- 1573年（天正1）浅井長政自刃。
- 1597年（慶長2）足利義昭没す。
- 1638年（寛永15）荒木又右衛門没す。
- 1746年（延享3）富永仲基没す。

8. 29

今日の花・花言葉
花たばこ・君あれば淋しからず

- 1835年（天保6）田能村竹田没す。
- 1888年（明治21）大内兵衛誕生。
- 1918年（大正7）わが国初のケーブルカー生駒山に。
- 1984年（昭和59）有吉佐和子没す。

8. 30

今日の花・花言葉
ジャーマンダー・淡白

- 1895 年（明治 28）富士山に測候所を設置。
- 1945 年（昭和 20）マッカーサー厚木着陸。

8. 31

今日の花・花言葉
しろつめ草・約束

- 1910 年（明治 43）石川啄木「時代閉塞の現状」を書く。
- 1949 年（昭和 24）キティ台風。

9月

9月の異名　長月《ながつき》・玄月《げんげつ》・菊月・
祝月《いわいづき》・季月・暮秋・
晩秋・季商

9. 1

今日の花・花言葉
とろゆり・私を愛して

- 1915年（大正4）井上馨没す。
- 1923年（大正12）関東大震災。
- 1934年（昭和9）竹久夢二没す。
- 1935年（昭和10）芥川賞・直木賞はじまる。
- 1939年（昭和14）ドイツ軍ポーランド侵攻（第二次世界大戦はじまる）。

9. 2

今日の花・花言葉
つるコベア・変転

- 1203年（建仁3）比企能員謀殺さる。
- 1641年（寛永18）吉良上野介誕生。
- 1841年（天保12）伊藤博文誕生。
- 1887年（明治20）和宮没す。
- 1913年（大正2）岡倉天心没す。
- 1923年（大正12）厨川白村没す。
- 1956年（昭和31）岡田武松没す。

9. 3

今日の花・花言葉
マーガレット・心に秘めた愛

- 740年（天平12）藤原広嗣の乱。
- 1875年（明治8）本木昌造没す。
- 1950年（昭和25）ジェーン台風。
- 1953年（昭和28）折口信夫没す。
- 1977年（昭和52）王貞治本塁打756本。

9. 4

今日の花・花言葉
だいこん草・満ちた希望

- 1913年（大正2）田中正造没す。
- 同年、丹下健三誕生。

9. 5

今日の花・花言葉
エルム・信頼

- 1903年（明治36）棟方志功誕生。
- 1905年（明治38）日比谷焼打事件。
- 1933年（昭和8）巖谷小波没す。

9. 6

今日の花・花言葉
のうぜんはれん・愛国心

- 1858年（安政5）安藤広重没す。

9. 7

今日の花・花言葉
オレンジ・花嫁のよろこび

- 786年（延暦5）嵯峨天皇誕生。
- 1816年（文化13）山東京伝没す。
- 1912年（大正1）田岡嶺雲没す。
- 1939年（昭和14）泉鏡花没す。
- 1962年（昭和37）吉川英治没す。

9. 8

今日の花・花言葉
からしな・無関心

- 1775年（安永4）加賀千代女没す。
- 1868年（明治1）一世一元制。
- 1900年（明治33）夏目漱石イギリスへ留学。
- 1951年（昭和26）サンフランシスコ講和条約。

9. 9

重陽
今日の花・花言葉
うら菊・追憶

- 1918年（大正7）高橋圭三誕生。
- 1951年（昭和26）映画「羅生門」ヴェネツィア国際映画祭グランプリ。

9. 10

今日の花・花言葉
白いえぞ菊・信ずる心

- 1441年（嘉吉1）赤松満祐没す。
- 1561年（永禄4）川中島で両雄対決。
- 1704年（宝永1）去来没す。
- 1714年（正徳4）初代竹本義太夫没す。

9. 11

今日の花・花言葉
アロエ・花も葉も

- 608年　小野妹子隋へ出発（二度目）。
- 972年（天禄3）空也没す。
- 1127年（大治2）後白河天皇誕生。
- 1848年（嘉永1）平田篤胤没す。
- 1926年（大正15）尾上松之助没す。

9. 12

今日の花・花言葉
クレマチス・心の美

- 810年（弘仁1）藤原薬子没す（薬子の変）。
- 1821年（文政4）塙保己一没す。
- 1872年（明治5）新橋―横浜間鉄道開通式。
- 1992年（平成4）国公立学校週五日制発足。

9. 13

今日の花・花言葉
柳・素直

- 1733年（享保18）杉田玄白誕生。
- 1900年（明治33）大宅壮一誕生。
- 1903年（明治36）九代目市川団十郎没す。
- 1912年（大正1）乃木希典夫妻自刃。
- 1953年（昭和28）布施辰治没す。

9. 14

今日の花・花言葉
マルメロ・誘惑

- 1208年（承元2）熊谷直実没す。
- 1590年（天正18）狩野永徳没す。
- 1643年（寛永20）春日局没す。
- 1859年（安政6）梅田雲浜没す。
- 1900年（明治23）津田梅子英学塾を開く。
- 1947年（昭和22）キャスリン台風。利根川決壊。

9. 15

今日の花・花言葉
ダリア・華麗

- 1600年（慶長5）関ヶ原合戦。
- 1685年（貞享2）石田梅岩誕生。
- 1825年（文政8）岩倉具視誕生。
- 1896年（明治29）村山槐太誕生。

9. 16

今日の花・花言葉
りんどう・悲しむ君が好き

- 1789年（寛政1）棄捐令（寛政改革）。
- 1877年（明治10）モース、大森貝塚発見。
- 1884年（明治17）竹久夢二誕生。
- 1923年（大正12）甘粕事件。
- 1954年（昭和29）中央競馬会設立。

9. 17

今日の花・花言葉
エリカ・孤独

- 1867年（慶応3）正岡子規誕生。
- 1894年（明治27）黄海海戦。
- 1928年（昭和3）若山牧水没す。

9. 18

今日の花・花言葉
あざみ・厳格

- 764年（天平宝字8）藤原仲麻呂敗死（恵美押勝の乱）。
- 1428年（正長1）正長の土一揆。
- 1868年（明治1）横山大観誕生。
- 1927年（昭和2）徳冨蘆花没す。
- 1931年（昭和6）満州事変はじまる。
- 1948年（昭和23）全学連結成。

9. 19

今日の花・花言葉
すげ・自重

- 1324年（正中1）正中の変。
- 1901年（明治34）沢田美喜誕生。
- 1902年（明治35）正岡子規没す。

9. 20

今日の花・花言葉
まんねんそう・私を思って

- 1605年（慶長10）山内一豊没す。
- 1806年（文化3）喜多川歌麿没す。
- 1880年（明治13）大山郁夫誕生。
- 1920年（大正9）東京六大学野球はじまる。

9. 21

今日の花・花言葉
イヌサフラン・悔なき青春

- 1874年（明治7）菱田春草誕生。
- 1903年（明治36）石垣綾子誕生。
- 1933年（昭和8）宮沢賢治没す。
- 1934年（昭和9）室戸台風。
- 1954年（昭和29）御木本幸吉没す。

9. 22

今日の花・花言葉
こばん草・興奮

- 1871年（明治4）幸徳秋水誕生。
- 1878年（明治11）吉田茂誕生。
- 1895年（明治28）日本救世軍創立。

9. 23

今日の花・花言葉
いちい・高尚

- 1760年（宝暦10）葛飾北斎誕生。
- 1790年（寛政2）柄井川柳没す。
- 1832年（天保3）頼山陽没す。
- 1876年（明治9）札幌ビール工場開業。
- 1954年（昭和29）久保山愛吉没す。

9. 24

今日の花・花言葉
オレンジ・花嫁のよろこび

- 1614年（慶長19）高山右近国外追放。
- 1744年（延享1）石田梅岩没す。
- 1837年（天保8）大倉喜八郎誕生。
- 1877年（明治10）西郷隆盛自刃。
- 1925年（大正14）大日本相撲協会設立。

9. 25

今日の花・花言葉
からす麦・音楽が好き

- 991年（正暦2）俵藤太没す。
- 1225年（嘉禄1）慈円没す。

9. 26

今日の花・花言葉
柿・自然美

- 1904年（明治37）小泉八雲没す。
- 1943年（昭和18）木村栄没す。
- 1945年（昭和20）三木清獄死。
- 1954年（昭和29）青函連絡船洞爺丸遭難。
- 1959年（昭和34）伊勢湾台風。

9. 27

今日の花・花言葉
柏・愛は永遠に

- 923年（延長1）平中没す。
- 1351年（正平6）夢窓没す。
- 1848年（嘉永1）外山正一誕生。
- 1885年（明治18）日本初の英字新聞発行。
- 1940年（昭和15）日独伊三国同盟。

9. 28

今日の花・花言葉
はげいとう・情愛

- 1629年（寛永6）小石川後楽園完成。
- 1921年（大正10）安田善次郎暗殺さる。

9. 29

今日の花・花言葉
リンゴ・名声

- 930年（延長8）醍醐天皇没す。
- 1801年（享和1）本居宣長没す。
- 1837年（天保8）徳川慶喜誕生。
- 1882年（明治15）鈴木三重吉誕生。
- 1918年（大正7）原敬内閣成立。
- 1972年（昭和47）日中国交正常化共同声明。

9. 30

今日の花・花言葉
杉・雄大

- 894年（寛平6）遣唐使廃止。
- 1961年（昭和36）愛知用水完成。

10月

10月の異名　神《かん》無《な》月《づき》・陽月・吉月《きっげつ》・初冬・孟冬・上冬・立冬・早冬・方冬・小春

10. 1

今日の花・花言葉
紅の菊・愛

- 1600年（慶長5）石田三成刑死。
- 1847年（弘化4）中江兆民誕生。
- 1907年（明治40）服部良一誕生。
- 1910年（明治43）大和田建樹没す。
- 1914年（大正3）二科展はじまる。
- 1948年（昭和23）「110番」制度はじまる。
- 1964年（昭和39）東海道新幹線開通。

10. 2

今日の花・花言葉
あんず・乙女のはにかみ

- 775年（宝亀6）吉備真備没す。
- 1855年（安政2）藤田東湖没す。
- 同年、安政大地震。
- 1872年（明治5）人身売買禁止令。

10. 3

今日の花・花言葉
もみじ・自制

- 686年（朱鳥1）大津皇子自殺。
- 1074年（承保1）藤原彰子没す。
- 1884年（明治17）下村湖人誕生。

10. 4

今日の花・花言葉
西洋からはな草・無邪気

- 1872年（明治5）富岡製糸工場開業。
- 1876年（明治9）新村出誕生。
- 1918年（大正7）福井謙一誕生。

10. 5

今日の花・花言葉
しゅろ・勝利

- 1936年（昭和11）日本人初のヒマラヤ（ナンダコット）登頂（立教大学）。
- 1948年（昭和23）大谷光瑞没す。
- 1976年（昭和51）武田泰淳没す。
- 1980年（昭和55）山口百恵ラストコンサート。

10. 6

今日の花・花言葉
はしばみ・仲直り

- 1715年（正徳5）渋川春海没す。
- 1920年（大正9）黒岩涙香没す。
- 1942年（昭和17）巌本善治没す。
- 1954年（昭和29）尾崎行雄没す。

10. 7

今日の花・花言葉
もみ・高尚

- 1859年（安政6）橋本左内没す。
- 1948年（昭和23）昭電事件で芦田内閣総辞職。
- 1986年（昭和61）石坂洋次郎没す。

10. 8

今日の花・花言葉
パセリ・勝利

- 1764年（明和1）徳川宗春没す。
- 1895年（明治28）朝鮮王妃閔氏殺害事件。
- 1974年（昭和49）佐藤栄作ノーベル平和賞受賞。

10. 9

今日の花・花言葉
ういきょう・賞讃

- 1828年（文政11）シーボルト事件。
- 1897年（明治30）大仏次郎誕生。

10. 10

今日の花・花言葉
メロン・飽食

- 1882年（明治15）日本銀行開業。
- 1913年（大正2）桂太郎没す。
- 1934年（昭和9）高村光雲没す。
- 1946年（昭和21）山本鼎没す。
- 1964年（昭和39）東京オリンピック開幕。

10. 11

今日の花・花言葉
みそはぎ・愛の悲しみ

- 1841年（天保12）渡辺崋山自殺。
- 1904年（明治37）榎本健一誕生。
- 1948年（昭和23）岡本一平没す。

10. 12

今日の花・花言葉
こけもも・反抗心

- 1694年（元禄7）芭蕉没す。
- 1769年（明和6）青木昆陽没す。
- 1891年（明治24）近衛文麿誕生。
- 1960年（昭和35）浅沼稲次郎刺殺さる。
- 1987年（昭和62）利根川進ノーベル生理学・医学賞受賞。

10. 13

今日の花・花言葉
しもつけ草・整然とした愛

- 552年　仏教伝来。
- 1282年（弘安5）日蓮没す。
- 1805年（文化2）華岡青洲初の麻酔手術。
- 1994年（平成6）大江健三郎ノーベル文学賞受賞。

10. 14

今日の花・花言葉
白い菊・真実

- 1762年（宝暦12）安藤昌益没す。
- 1867年（慶応3）大政奉還。
- 1936年（昭和11）『週報』第一号発刊。
- 1953年（昭和28）徳田球一没す。
- 1974年（昭和49）長島茂雄引退。

10. 15

今日の花・花言葉
めぼうき・よい希望

- 1852年（嘉永5）山本権兵衛誕生。
- 1873年（明治6）松岡小鶴没す。
- 1893年（明治26）山口蓬春誕生。
- 1903年（明治36）平民新聞創刊。
- 1933年（昭和8）新渡戸稲造没す。

10. 16

今日の花・花言葉
こけばら・無邪気

- 669年　藤原（中臣）鎌足没す。
- 1018年（寛仁2）藤原道長「この世をば……」の歌をよむ。
- 1840年（天保11）黒田清隆誕生。
- 1885年（明治18）国鉄上野駅開業。
- 1973年（昭和48）オイルショック。

10. 17

今日の花・花言葉
ぶどう・信頼

- 1926年（大正15）古畑種基血液型による親子判定に成功。
- 1968年（昭和43）川端康成ノーベル文学賞受賞。

10. 18

今日の花・花言葉
つるこけもも・心痛のなぐさめ

- 1602 年（慶長 7）小早川秀秋没す。
- 1870 年（明治 3）鈴木大拙誕生。
- 1889 年（明治 22）大隈重信右翼に襲われ重傷を負う。
- 1941 年（昭和 16）東条英機内閣成立。
- 1958 年（昭和 33）フラフープ発売さる。

10. 19

今日の花・花言葉
紅のほうせんか・私に触れないで

- 1952 年（昭和 27）土井晩翠没す。
- 1956 年（昭和 31）日ソ国交回復。
- 1981 年（昭和 56）福井謙一ノーベル化学賞受賞。

10. 20

今日の花・花言葉
麻・運命

- 1180年（治承4）富士川合戦。
- 1274年（文永11）文永の役。
- 1856年（安政3）二宮尊徳没す。
- 1906年（明治39）坂口安吾誕生。
- 1959年（昭和34）阿部次郎没す。
- 1967年（昭和42）吉田茂没す。

10. 21

今日の花・花言葉
あざみ・独立

- 1002年（長保4）慶滋保胤没す。
- 1045年（寛徳2）荘園整理令。
- 1180年（治承4）源義経、兄頼朝と黄瀬川で対面。
- 1684年（貞享1）徳川吉宗誕生。
- 1894年（明治27）江戸川乱歩誕生。
- 1903年（明治36）野球の第一回早慶戦。
- 1943年（昭和18）出陣学徒壮行会。
- 1962年（昭和37）小倉金之助没す。
- 1965年（昭和40）朝永振一郎ノーベル物理学賞受賞。

10. 22

今日の花・花言葉
おもだか・信頼

- 794年（延暦13）平安遷都。

10. 23

今日の花・花言葉
朝鮮朝顔・愛敬

- 711年（和銅4）蓄銭叙位令。
- 1760年（宝暦10）華岡青州誕生。
- 1849年（嘉永2）西園寺公望誕生。
- 1871年（明治4）土井晩翠誕生。
- 1937年（昭和12）中原中也没す。
- 1973年（昭和48）江崎玲於奈ノーベル物理学賞受賞。

10. 24

今日の花・花言葉
梅・高潔な心

- 1708年（宝永5）関孝和没す。
- 1876年（明治9）神風連の乱。
- 1886年（明治19）ノルマントン号事件。

10. 25

今日の花・花言葉
かえで・遠慮

- 1637年（寛永14）島原の乱はじまる。
- 1868年（明治1）徳冨蘆花誕生。
- 1907年（明治40）第一回文展。
- 1909年（明治42）土門拳誕生。
- 1944年（昭和19）神風特攻隊第一陣出撃。

10. 26

今日の花・花言葉
すいば・情愛

- 1838年（天保9）中山みき天理教を開く。
- 1908年（明治41）榎本武揚没す。
- 1909年（明治42）伊藤博文暗殺さる。
- 1919年（大正8）明石元二郎没す。

10. 27

今日の花・花言葉
野ばら・詩

- 807年（大同2）伊予親王事件。
- 1859年（安政6）吉田松陰処刑さる。
- 1876年（明治9）秋月の乱。
- 1910年（明治43）渡辺はま子誕生。

10. 28

今日の花・花言葉
むくげ・デリケートな美

- 1399年（応永6）応永の乱おこる。
- 1635年（寛永12）神屋宗湛没す。
- 1860年（万延1）嘉納治五郎誕生。
- 1876年（明治9）萩の乱。
- 1891年（明治24）濃尾大地震。
- 1972年（昭和47）パンダ初来日。

10. 29

今日の花・花言葉
西洋リンゴ・導かれるままに

- 891年（寛平3）円珍没す。
- 1791年（寛政3）初代中村歌右衛門没す。
- 1815年（文化12）井伊直弼誕生。
- 1945年（昭和20）第一回宝くじ発売。
- 1961年（昭和36）長与善郎没す。

10. 30

今日の花・花言葉
ロベリア・悪意

- 1769年（明和6）賀茂真淵没す。
- 1850年（嘉永3）高野長英自殺。
- 1890年（明治23）教育勅語発布。
- 1903年（明治36）尾崎紅葉没す。

10. 31

今日の花・花言葉
かいう（カラー）・熱血

- 1884年（明治17）秩父事件。
- 1907年（明治40）初の日米野球。

11月

11月の異名　霜月《しもつき》・暢月《ちょうげつ》・幸月・
仲冬・復月・達月・
葭月《かげつ》・盛冬

11. 1

今日の花・花言葉
西洋かりん・唯一の恋

- 1709年（宝永6）初代坂田藤十郎没す。
- 1856年（安政3）広瀬淡窓没す。
- 1886年（明治19）萩原朔太郎誕生。
- 同年、松井須磨子誕生。
- 1929年（昭和4）国産オールトーキー「大尉の娘」上映。
- 1946年（昭和21）第一回国民体育大会。
- 1948年（昭和23）曽我廼家五郎没す。

11. 2

今日の花・花言葉
ルピナス・母性愛

- 1288年（正応1）後醍醐天皇誕生。
- 1874年（明治7）読売新聞創刊。
- 1942年（昭和17）北原白秋没す。
- 1966年（昭和41）荒木貞夫没す。

11. 3

文化の日
今日の花・花言葉
ブリオニア・拒絶

- 592年　崇峻天皇暗殺さる。
- 1261年（弘長1）北条重時没す。
- 1521年（大永1）武田信玄誕生。
- 1537年（天文6）足利義昭誕生。
- 1946年（昭和21）日本国憲法公布。
- 1949年(昭和24)湯川秀樹ノーベル物理学賞を受賞。

11. 4

今日の花・花言葉
こたにわたり・真実の慰み

- 1854年（安政1）諸国大地震。
- 1875年（明治8）泉鏡花誕生。
- 1921年（大正10）原敬暗殺さる。
- 1980年（昭和55）王貞治引退。

11. 5

今日の花・花言葉
松葉菊・勲功

- 1857年（安政4）松下村塾開塾。
- 1888年（明治21）狩野芳涯没す。
- 1918年（大正7）島村抱月没す。
- 1931年（昭和6）東京科学博物館開館。
- 1933年（昭和8）片山潜没す。

11. 6

今日の花・花言葉
ふじばかま・躊躇

- 1848年（嘉永1）滝沢馬琴没す。
- 1918年（大正7）藤原てい誕生。
- 1946年（昭和21）当用漢字表発表。
- 1989年（平成1）松田優作没す。

11. 7

今日の花・花言葉
マリーゴールド・別れの悲しみ

- 1336年（建武3）建武式目成立。
- 1881年（明治14）田中儀右衛門（カラクリ儀右衛門）没す。
- 1889年（明治22）久保田万太郎誕生。
- 1916年（大正5）桃中軒雲右衛門没す。
- 1931年（昭和6）東京国立博物館開館。

11. 8

今日の花・花言葉
せんのう・機智

- 988年（永延2）尾張国郡司百姓等国守藤原元命を訴える。

11. 9

今日の花・花言葉
ミルラの花・真実

- 1872年（明治5）太陽暦採用。
- 1876年（明治9）野口英世誕生。

11. 10

今日の花・花言葉
ふよう・繊細な美

- 1880 年（明治 13）馬車鉄道敷設許可。
- 1900 年（明治 33）軍艦三笠進水。
- 1928 年（昭和 3）昭和天皇即位式。
- 1940 年（昭和 15）紀元 2600 年記念式典。

11. 11

今日の花・花言葉
白椿・ひかえめな愛

- 658 年　有間皇子殺さる。
- 1849 年（嘉永 2）乃木希典誕生。
- 1911 年（明治 44）川上音二郎没す。

11. 12

今日の花・花言葉
レモン・心からの思慕

- 1871年（明治4）岩倉視察団米欧へ出発。
- 同年、初の女子留学生出発。
- 1921年（大正10）ワシントン会議開催。
- 1990年（平成2）今上天皇即位礼。

11. 13

今日の花・花言葉
香水木・忍耐

- 1695年（元禄8）幕府中野に犬小屋設置（生類憐れみの令）。
- 1885年（明治18）華族女学校（学習院女子部）開校。
- 1890年（明治23）浅草十二階開場。
- 1973年（昭和48）サトウ・ハチロー没す。

11. 14

今日の花・花言葉
松・不老長寿

- 1630年（寛永7）貝原益軒誕生。
- 1930年（昭和5）浜口首相暗殺未遂事件。

11. 15

七五三
今日の花・花言葉
黄金萩・謙遜

- 1835年（天保6）坂本龍馬誕生（1867年〈慶応3〉同月日暗殺さる）。

11. 16

今日の花・花言葉
クリスマスローズ・追憶

- 1868年（明治1）北村透谷誕生。
- 1914年（大正3）押川春浪没す。

11. 17

今日の花・花言葉
ふき・公平

- 1285年（弘安8）霜月騒動。
- 1906年（明治39）本田宗一郎誕生。

11. 18

今日の花・花言葉
山百合・荘厳

- 1898年（明治31）近衛秀麿誕生。
- 1904年（明治37）古賀政男誕生。

11. 19

今日の花・花言葉
おとぎり草・秘密

- 1789年（寛政1）谷風横綱となる。
- 1827年（文政10）小林一茶没す。
- 1956年（昭和31）東海道線全線電化。

11. 20

今日の花・花言葉
牛の下草・真実

- 1655年（明暦1）宇喜多秀家没す。
- 1859年（安政6）尾崎行雄誕生。
- 1890年（明治23）帝国ホテル開業。
- 1915年（大正4）市川崑誕生。

11. 21

今日の花・花言葉
ほたる袋・誠実

- 1481年（文明13）一休没す。
- 1852年（嘉永5）銭屋五兵衛没す。
- 1903年（明治36）早慶戦はじまる。
- 1956年（昭和31）会津八一没す。

11. 22

今日の花・花言葉
へびのぼらず・気むづかしさ

- 1689年（元禄2）江戸に天文台を設置。
- 1709年（宝永6）新井白石シドッチを尋問す。
- 1724年（享保9）近松門左衛門没す。
- 1904年（明治37）丹羽文雄誕生。
- 1913年（大正2）徳川慶喜没す。

11. 23

勤労感謝の日
今日の花・花言葉
しだ・誠実

- 1707年（宝永4）富士山大爆発。
- 1835年（天保6）井上馨誕生。
- 1896年（明治29）樋口一葉没す。

11. 24

今日の花・花言葉
がまずみ・愛は死よりつよし

- 1873年（明治6）川合玉堂誕生。
- 1940年（昭和15）西園寺公望没す。
- 1944年（昭和19）B29（70機）東京初空襲。

11. 25

今日の花・花言葉
リュース・コチナス・賢明

- 1557年（弘治3）毛利元就の遺訓。
- 1576年（天正4）北畠具教殺さる。
- 1870年（明治3）堺利彦誕生。
- 1921年（大正10）皇太子裕仁摂政となる。
- 1936年（昭和11）日独防共協定調印。
- 1970年（昭和45）三島由紀夫自殺。

11. 26

今日の花・花言葉
のこぎり草・指導

- 1086年（応徳3）白河法皇の院政はじまる。
- 1945年（昭和20）双葉山引退。
- 1949年（昭和24）プロ野球セ・パ2リーグ制に。
- 2004年（平成16）島田正吾没す。

11. 27

今日の花・花言葉
ぬるで・信仰

- 1829年（文政12）第四代鶴屋南北没す。
- 1886年（明治19）藤田嗣治誕生。
- 1894年（明治27）松下幸之助誕生。

11. 28

今日の花・花言葉
えぞ菊・追想

- 1262年（弘長2）親鸞没す。
- 1847年（弘化4）桂太郎誕生。
- 1872年（明治5）徴兵令詔書。
- 1878年（明治11）寺田寅彦誕生。
- 1883年（明治16）鹿鳴館開館。

11. 29

今日の花・花言葉
バッカリス・開拓

- 1185年（文治1）守護地頭設置。
- 1828年（文政11）酒井抱一没す。
- 1890年（明治23）第一回帝国議会開会。
- 1909年（明治42）田中絹代誕生。

11. 30

今日の花・花言葉
枯葉・枯草・新春を待つ

- 1204 年（元久 1）藤原俊成没す。
- 1884 年（明治 17）成島柳北没す。
- 1892 年（明治 25）北里伝染研究所開所。
- 1901 年（明治 34）荻須高徳誕生。
- 1977 年（昭和 52）世界初の自動焦点型カメラ「コニカ C35AF」発売。

12月

12月の異名　師走《しはす》・極月《ごくげつ》・厳月・臘月・氷月・弟月・茶月・季冬・暮冬・晩冬

12. 1

今日の花・花言葉
よもぎ菊・平和

- 1573年（天正1）沢庵誕生。
- 1857年（安政4）植村正久誕生。
- 1873年（明治6）郵便はがき発行。
- 1935年（昭和10）初の年賀郵便切手発売、1枚1銭5厘。
- 1958年（昭和33）一万円札発行。

12. 2

今日の花・花言葉
こけ・母性愛

- 1874年（明治7）福田徳三誕生。
- 1875年（明治8）一倍二倍の称について太政官布告。
- 1944年（昭和19）名投手沢村栄治戦死。

12. 3

今日の花・花言葉
ラベンダー・期待

- 671年　天智天皇没す。
- 1859年（安政6）片山潜誕生。
- 1876年（明治9）前原一誠刑死（萩の乱）。
- 1879年（明治12）永井荷風誕生。
- 1959年（昭和34）個人タクシー免許制度開始。

12. 4

今日の花・花言葉
すいば・情愛

- 1027年（万寿4）藤原道長没す。
- 同年、藤原行成没す。
- 1722年（享保7）小石川養生所開設。
- 1961年（昭和36）津田左右吉没す。

12. 5

今日の花・花言葉
アンブローシア・幸せな恋

- 603年　聖徳太子冠位12階制定。
- 1650年（慶安3）鴻池新右衛門没す。
- 1767年（明和4）竹内式部没す（明和事件）。
- 1891年（明治24）広津和郎誕生。
- 1904年（明治37）二〇三高地占領。
- 1937年（昭和12）北条民雄没す。

12. 6

今日の花・花言葉
ゆきのした・切実な愛

- 694年　藤原京に遷都。
- 1700年（元禄13）徳川光圀没す。
- 1870年（明治3）宮崎滔天誕生。
- 1890年（明治23）仁科芳雄誕生。
- 1904年（明治37）三越呉服店設立。

12. 7

大雪
今日の花・花言葉
いのもと草・信頼

- 1827年（文政10）西郷隆盛誕生。
- 1878年（明治11）与謝野晶子誕生。
- 1902年（明治35）佐野常民没す。
- 1944年（昭和19）東海大地震。
- 1958年（昭和33）東京タワー公開。

12. 8

針供養

今日の花・花言葉

よし（あし）・深い愛情

- 1870 年（明治 3）初の日刊新聞創刊（横浜毎日新聞）。
- 1875 年（明治 8）野口米次郎誕生。
- 1903 年（明治 36）嵐寛寿郎誕生。
- 1941 年（昭和 16）太平洋戦争開戦。

12. 9

今日の花・花言葉

菊・高潔

- 1652 年（承応 1）佐倉宗吾直訴。
- 1867 年（慶応 3）王政復古の大号令。
- 1916 年（大正 5）夏目漱石没す。

12. 10

今日の花・花言葉
赤い椿・高潔な理性

- 1855年（安政2）千葉周作没す。
- 1901年（明治34）足尾鉱毒問題で田中正造天皇に直訴す。
- 1968年（昭和43）三億円事件。

12. 11

今日の花・花言葉
松葉菊・愛国心

- 1485年（文明17）山城国一揆。
- 1645年（正保2）沢庵没す。
- 1898年（明治31）東海林太郎誕生。
- 1915年（大正4）北里研究所開設。

12. 12

今日の花・花言葉
わた・優秀

- 1834年（天保5）福沢諭吉誕生。
- 1911年（明治44）日本初の喫茶店開業。
- 1956年（昭和31）日本、国連に加盟。

12. 13

今日の花・花言葉
紫紅の菊・愛

- 1159年（平治1）藤原通憲殺さる（平治の乱）。
- 1213年（建保1）建礼門院没す。
- 1659年（万治2）江戸の両国橋できる。
- 1841年（天保12）株仲間解散令。
- 1871年（明治4）田山花袋誕生。
- 1901年（明治34）中江兆民没す。
- 1937年（昭和12）日本軍南京占領。

12. 14

今日の花・花言葉
松・勇敢

- 1702年（元禄15）赤穂浪士吉良邸に討入り。

12. 15

今日の花・花言葉
じんちょうげ・不滅

- 828年（天長5）空海綜藝種智院創立。
- 1959年（昭和34）第一回レコード大賞「黒い花びら」（水原弘）。
- 1963年（昭和38）力道山没す。

12. 16

今日の花・花言葉
はんの木・荘厳

- 982年（天元5）源高明没す。
- 1000年（長保2）皇后藤原定子没す。
- 1867年（慶応3）尾崎紅葉誕生。
- 1907年（明治40）浅井忠没す。
- 1932年（昭和7）白木屋デパート火炎。

12. 17

今日の花・花言葉
さくら蘭・同感

- 1164年（長寛2）三十三間堂成る。
- 1878年（明治11）野間清治誕生。
- 1900年（明治33）勅使河原蒼風誕生。

12. 18

今日の花・花言葉
セージ・家庭の徳

- 1779年（安永8）平賀源内没す。
- 1871年（明治4）志賀潔誕生。
- 1898年（明治31）西郷銅像除幕。
- 1914年（大正3）東京駅開業。

12. 19

今日の花・花言葉
スノーフレイク・美

- 1391年（明徳2）明徳の乱。
- 1751年（宝暦1）大岡忠相没す。
- 1910年（明治43）初の飛行実験成功。

12. 20

今日の花・花言葉
パイナップル・完全無欠

- 753年（天平勝宝5）鑑真来朝。
- 1852年（嘉永5）北里柴三郎誕生。
- 1880年（明治13）山川均誕生。
- 1899年（明治32）年賀郵便特別扱いはじまる。
- 1929年（昭和4）岸田劉生没す。

12. 21

今日の花・花言葉
はっか・徳

- 934年（承平4）「土佐日記」起筆。
- 1717年（享保2）淀屋辰五郎没す。
- 1850年（嘉永3）国定忠治刑死。
- 1909年（明治42）松本清張誕生。

12. 22

今日の花・花言葉
百日草・幸福

- 702年（大宝2）持統天皇没す。
- 1843年（天保14）為永春水没す。
- 1847年（弘化4）東郷平八郎誕生。
- 1885年（明治18）初の政党内閣成立。

12. 23

天皇誕生日
今日の花・花言葉
プラタナス・天才

- 1871年（明治4）徳田秋声誕生。
- 1928年（昭和3）高畠素之没す。
- 1933年（昭和8）今上天皇誕生。
- 1958年（昭和33）東京タワー完成。

12. 24

今日の花・花言葉
やどり木・忍耐づよい

- 1656年（明暦2）吉原浅草裏に移る。
- 1933年（昭和8）日本劇場オープン。

12. 25

クリスマス
今日の花・花言葉
そよご・先見の明

- 1783年（天明3）与謝蕪村没す。
- 1897年（明治30）志賀潔赤痢菌発見。
- 1928年（昭和3）小山内薫没す。
- 1961年（昭和36）矢内原忠雄没す。
- 1969年（昭和44）クオーツ時計発売、1日に誤差1秒以内に。

12. 26

今日の花・花言葉
クリスマス・ローズ・追憶

- 927年（延長5）「延喜式」成る。
- 1542年（天文11）徳川家康誕生。
- 1862年（文久2）岡倉天心誕生。
- 1887年（明治20）保安条例発動。
- 1888年（明治21）菊池寛誕生。
- 1897年（明治30）海野十三誕生。

12. 27

今日の花・花言葉
梅・澄心

- 966年（康保3）小野道風没す。
- 1758年（宝暦8）松平定信誕生。
- 1960年（昭和35）所得倍増計画発表。

12. 28

今日の花・花言葉
ざくろの花・円熟の美

- 1180年（治承4）平氏東大寺・興福寺を焼く。
- 1682年（天和2）八百屋お七の火事。

12. 29

今日の花・花言葉
ほおずき・自然美

- 1929年（昭和4）清水トンネル貫通。
- 1941年（昭和16）南方熊楠没す。
- 1965年（昭和40）山田耕筰没す。

12. 30

今日の花・花言葉
ろうばい・慈愛

- 1368年（応安1）足利義満将軍となる。
- 1927年（昭和2）地下鉄（上野〜浅草）開通。
- 1952年（昭和27）中山晋平没す。

12. 31

大晦日
今日の花・花言葉
ひのき・不滅

- 1903年（明治36）林芙美子誕生。
- 1931年（昭和6）新宿ムーラン・ルージュはじまる。

日本史《にほんし》日《ひ》めくり年表《ねんぴょう》

■編者略歴■

阿部　猛（あべ　たけし）

1927年　山形県に生まれる

1951年　東京文理科大学史学科卒業。のち北海道教育大学、東京学芸大学、帝京大学に勤務

現　在　東京学芸大学名誉教授　文学博士

主要著書

『人物でたどる日本荘園史』（共編著、東京堂出版、1990）、『日本古代史研究事典』（共編著、東京堂出版、1995）、『日本荘園大辞典』（共編著、東京堂出版、1997）、『日本史事典』（共編著、朝倉書店、2001）、『日本古代史事典』（編著、朝倉書店、2005）、『日本中世史事典』（共編著、朝倉書店、2008）、『日本史年表・年号ハンドブック』（同成社、2008）ほか

2012年4月5日発行

編　者　阿　部　　猛

発行者　山　脇　洋　亮

印　刷　三報社印刷(株)

製　本　協栄製本(株)

発行所　東京都千代田区飯田橋4-4-8
（〒102-0072）東京中央ビル
TEL 03-3239-1467　振替 00140-0-20618
(株)同成社

ISBN978-4-88621-596-3　C0021